なぜかうまくいく人の「秘密の習慣」

ハンディ版

佐藤伝

Discover

はじめに

0・1％の秘密──「マイクロ習慣」の破壊力

突然ですが、問題です。

もし、ゾウを1頭、完食しなければいけないとしたら、どうやって食べればいいでしょうか。丸ごと全部、一人で食べきるのが条件です。

無理難題で、とうていできることではない、と思う人もいるでしょう。

逆に、いろいろな答えが頭に浮かんだ人もいるかもしれません。

答えは、「一口ずつ食べる」です。これ以外の答えはありません。人間が口に入れられるのは、口に入るボリューム、つまり一口分だけ。それを続けて食べていくほかないわけです。この問題は、私たちに大きな示唆を与えてくれています。

どんな偉業でも、大変な困難でも、私たちは自分にできることをちょっとずつ、ちょっとずつやっていくしかない、ということです。少し専門的に表現するなら、**「スモールステップが大切」**と言え**プよりさらにブレイクダウンし、赤ちゃんが歩くくらいのベビーステ**

ます。ベビーステップを続けることが、高い壁を粉砕する破壊力を持つわけです。

私たちに必要なのは、昨日より今日、0・1%の成長をすることです。そして、それを続けること。「毎日、英語を2時間勉強しよう」と心に決めても、翌日、もしくは数日のうちに「体調がイマイチ」「残業が続いて……」と挫折してしまうのが目に見えています。

それよりも、**たった0・1%の成長を続けること。**「昨日より、ほんのちょっとイイ気分で目覚めたかも」「今日はストレッチをしたから、昨日より少し身体がほぐれているな」「英語を5分勉強した」「1行だけ日記を書いた」という程度です。

正直、1日単位で見ると、あってもなくても影響がなさそうなくらいの成長ですが、これを続ける、つまり習慣にしていく。**たった0・1%でも、694日後には、今日より2倍の成長という大きな成果になっています。これが習慣の「秘密の力」です。**

ほんのちょっとでいいんです。ちょっとずつ、ちょっとずつ、そのちょっとが人生を変革するエンジンになります。

さあ、今すぐマイクロ成長習慣をあなたの人生にインストールしましょう!

【習慣の専門家】佐藤 伝

ディスカヴァーテレビのリポーターハラです！
今日は佐藤伝先生の朝カフェに来ています！
パッ
生中継 話題の朝カフェ
おはようございます！
佐藤伝先生といえばひとりビジネスと行動習慣の専門家
ミリオンセラー作家としても有名な方ですね
著作○冊
今日はそんな先生に直接会えると大人気の朝カフェに…
どんなかな～
ギィッ
おはようございます！
おはようございます！
おはようございます！
おはようございます！皆さんすごいエネルギーですね！
今日はよろしくお願い…
ん？
パアアアアッ
はじめまして！佐藤伝です
僕のことは〝伝ちゃん〟って呼んでくださいね！
まぶしい!!
先生…伝さんがこられると部屋がパッと明るくなりましたね！
一瞬で空気が変わりました!!

先生は30年間子どもたちに勉強の仕方を教えて来られたのですよね
そうなんですよ
サッ
LIVE
ある不登校の小学生との出会いから
公園で一緒に勉強しました
先生・大学生の頃
塾を立ち上げて
あの塾のおかげでうちの子勉強好きに…
塾は大評判で有名人や政治家のご子息が通っていたんですよね!
うちも入れようかしら!
広がる口コミ
塾で30年間教えていて
この問題わかる人ー
ハイ
ハイ
いろんな子どもに会いました
はじめは普通の子が
企業の社長に
入ってきた時は勉強ができていても
キリッ
伸び悩む人も…
大人になっても伸びる子がいる一方で
はじめは勉強ができても大人になってからは伸びない子もいました
何が違うのでしょうか?
それは学習方法論を続けて実践しているか
つまり「習慣」にしているかということだったんです
習慣
習慣…ですか?
LIVE
やがて大人向けに教えてほしいと言われるようになり
大人の指導にシフトしました
私の相談にものってください
喜んで!
それで始まったのが朝カフェなんですね!
そうなんです!
うんうん

こんにちは！
私は企画営業の仕事をしているんですが
わたしも朝カフェに参加してますよ
3年目に入りいまひとつステップアップできなくて
悩んでいた頃朝カフェに参加するようになりました
お願いします
こちらこそ！
伝さんに言われて長年愛用していた
手帳とかばんを変えてみたんです
へえー今って色々あるのねー
手帳とかばん…ですか？
手帳コーナー
Diary
最初は私もよくわからなかったんです
伝さんに言われていろいろ見たら
時間の使い方や仕事の進め方に新しい気づきがいっぱいあって
ここの空き時間でお礼状を書いておこう
そうそう何事もこれじゃないとダメっていう決めつけは思い込みにすぎないからね
ほんとにそうですね
かばんも同じで働く人のかばんは「移動書斎」！
ですよね！
そうそう!!
僕は社長をやってるんですが
昔は朝が苦手だったんですよ
スッ
伝さんに言われて朝は起きたらまずシャワーを浴びることにしているんです
シャワー…ですか
？？？
で、シャワーを浴びながら自分の夢を声に出して言ってみるんです
僕は会社を上場させる!!
夢を口にすることで自己暗示をかけるんです
アファメーションですよね伝さん
へえー
そうそう！とってもよく覚えてますね！
日中は自分の夢をなかなか口に出しませんからね
ねっ

いろんな「習慣」を身につけていらっしゃるんですね〜
人生が変わりましたよ！
ね！
ところでよく習慣というと3週間で変えられる！なんて説もありますが…
いい質問ですね
確かに行動は3週間で変えられます
感謝の言葉を多く言おう
行動は3週間
だけど思考のクセを変えるのには3ヶ月かかります
ピンチはチャンスだ！
ピンチ!!
思考は3ヶ月
そして感情のクセを完全に変えるには3年かかるのです
なるほど！
感情は3年
ピンチだやったーがんばるぞ!!
ここまで来ると人生変わるよ
そしてもっとも大切なことは
なんでしょう?!
教えてください!!
成功しても不幸では仕方がない
HAPPY Success
ハピサクを手に入れる「習慣」をこれから一緒に学びましょう！
一番大切なのは成功して幸せになること
ハッピーサクセス略してハピサク！
お願いしまーす!!!

なぜかうまくいく人の「秘密の習慣」◉目次

PART 1

うまくいく人の「心」の習慣

PART 2

うまくいく人の「お金」の習慣

PART 3

うまくいく人の「運」の習慣

PART 4

うまくいく人の「人間関係」の習慣

PART 5

うまくいく人の「朝」の習慣

PART 6

うまくいく人の「朝日記」の習慣

PART 7

うまくいく人の「夜」の習慣

PART 8

うまくいく人の「思考」の習慣

PART 9

うまくいく人の「仕事」の習慣

PART 10

うまくいく人の「勉強」の習慣

PART 11

うまくいく人の「メモ」の習慣

★本書は、2019年に出版した同書名のコンビニ限定ムック（小社刊）の内容に、大幅に加筆・修正を加えて書籍化したものです。

PART

1

うまくいく人の「心」の習慣

自分の心を育てることで、
いい気分で毎日を過ごせるようになります。
それは、ハッピーを手に入れることでもあります。

01

心を鍛える「快トレ」を始めよう

頭を鍛えるには「脳トレ」、身体を鍛えるには「筋トレ」をするように、心は「快トレ」で鍛えましょう。気分もトレーニングで変えられます

脳トレという言葉ができて、すでに10年以上が経ちました。当初のブームは低迷化するどころか、脳科学の進歩に合わせてさまざまな脳トレが紹介され、すっかり生活に定着しました。

筋トレも同様です。以前はアスリートや体育会系の人だけがすることだったのが、最近は筋トレブームがビジネスパーソンからお年寄りにまで広がりました。

脳トレ、筋トレと比べると心の「快トレ」は、まだ一般的ではありません。でも、**人生でいちばん大切なトレーニング**だと私は思います。それはなぜか？

心は「快トレ」で鍛えよう

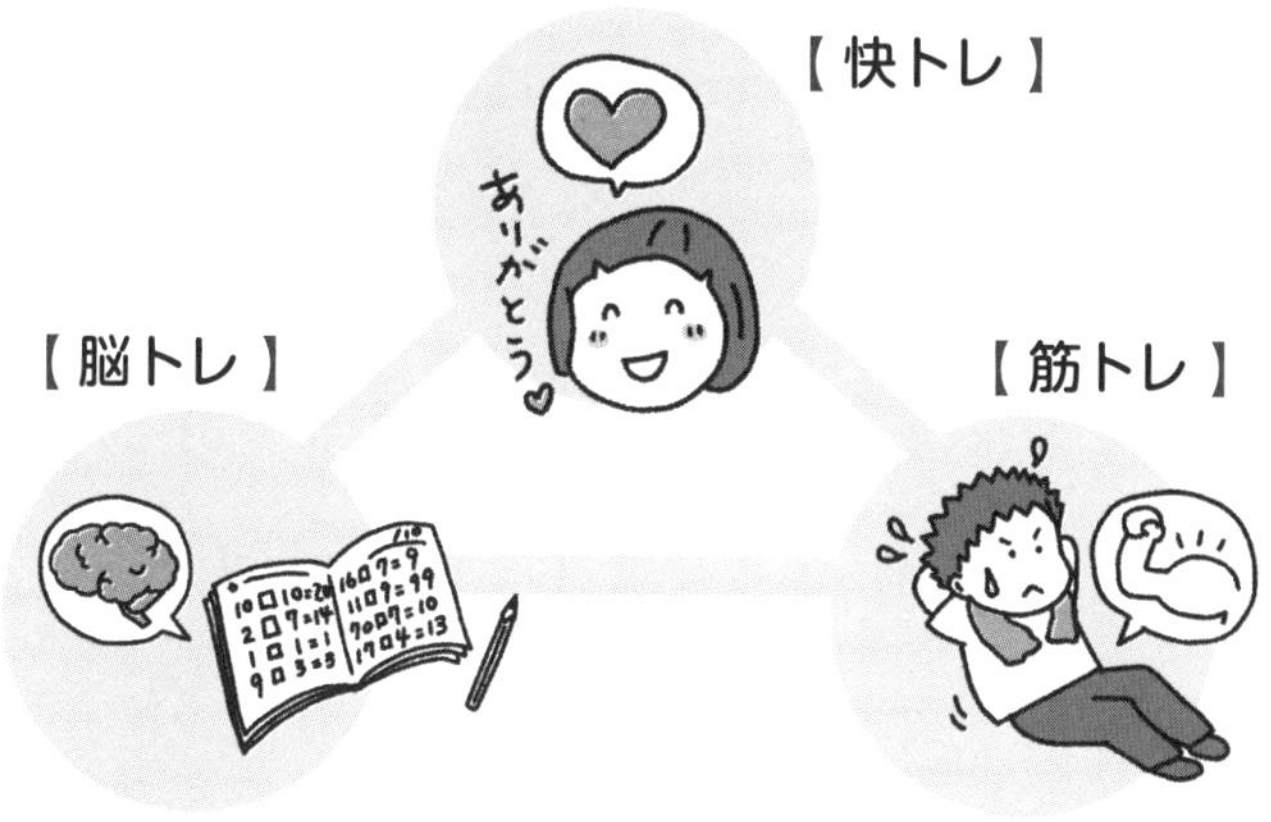

「ハワイに別荘を持ちたい」
「あこがれのあの人と結婚したい」
こうした夢を持つのは「そうなったらいい気分でいられる」と思うからです。
つまり、**人生のゴールは「いい気分」で生きること。**いくらハワイに別荘を持っても、ストレスだらけで毎日暗い気分なら意味はありません。小さな家でも、毎日いい気分のほうがずっといい人生だと言えるでしょう。本章では、「心を鍛える「快トレ」の方法をご紹介していきます。

人生で最も大切なのは、いい気分で生きること

02

毎日を「いい気分」で過ごす「心のクセ」をつけよう

自分にとって嫌なことがあったとしても、その出来事がどんなメッセージを発しているかを考えましょう

大切なのは、自分の周りで起きた出来事を「ゆかいだな」「楽しいな」と感じられること。

毎日を「いい気分」で過ごす「心のクセ」をつけることです。

そのためのコツがあります。それは**「出来事の意味」を読み取る**ことです。

「約束をドタキャンされた」

「急いでいるのに、交通渋滞に巻き込まれた」

そんなときには、**その出来事があなたにメッセージを送っていると考える**のです。

「いい気分」になる心のクセ

- 自分に「あるもの」に目を向ける
- 「幸せは自分の中にある」と心得る
- 「ツイてる」「ゆかい」「ありがとう」をログセにする
- 「過去」「未来」より「今」を大切にする
- 「人生には楽しいことをする時間しかない」と心に刻む
- 人生はゆかいな実験場。何でも試してみる

「神様は、私にどうしろと言っているのかな？」

――こう考えると、そのトラブルにもプラスの面が必ず見つかります。

何かトラブルがあったら、「おっ、また新しいメッセージだ！」と思うと、心のスイッチが切り替わってニコニコできます。

そして、ニコニコしている人には、さらにニコニコするような出来事がやってくるのです。

どんな出来事にも、プラスの意味を見つけることができる！

03

ワクワクするか、イライラするか——感じ方は自分次第

大切なのは、「考え方」より「感じ方」。

「快」と感じることが幸せをもたらす行動につながります

朝起きて、雨が降っていたら、あなたはどう感じるでしょうか。

「うっとうしい雨だな」と思うか、「ラッキー。恵みの雨だ」と思うかは、人それぞれ。

事実は１つ。感じ方は２つ——**同じ出来事でも、人によって正反対の感じ方があります。**

この点について、「プラス思考」「ポジティブ・シンキング」など「考え方」を重視する方法が有名ですが、それよりもっと大切なのが「感じ方」です。それは、人は**「感じる↓考える↓行動する」という流れが自然だから。**つまり、行動するより前に考え、考えるより前に感じているのです。だからこそ、「考え方」より「感じ方」を大切にしましょう。

習慣とは「心と頭と身体のクセ」

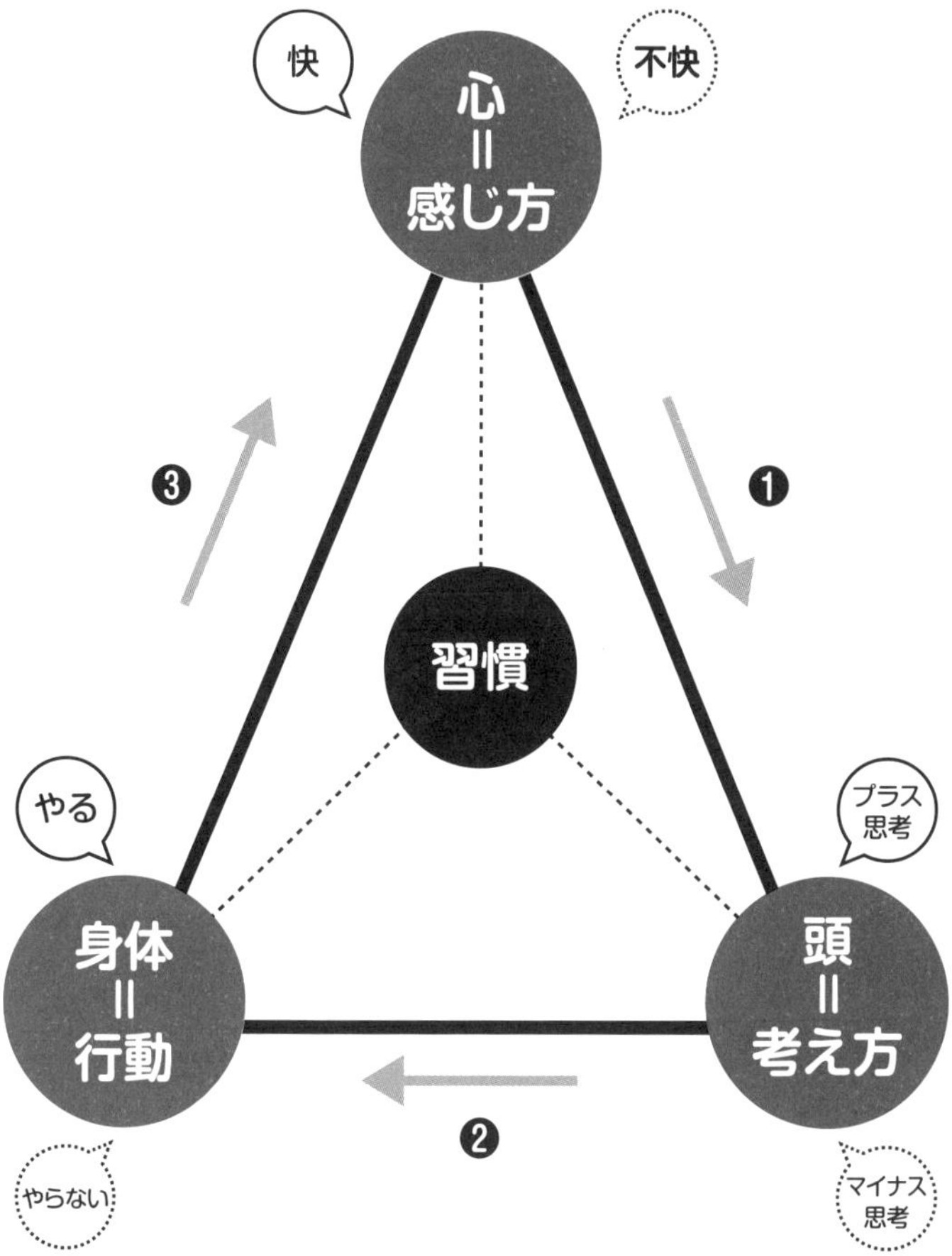

「快」と感じれば、プラス思考になって
幸せをもたらす行動ができる

04

マイナス思考になったら、プラスの言葉を口にする

マイナス思考は、さらにマイナスの方向にどんどん増殖しがち。そんなときは、プラスの言葉で思考の方向を変えてあげるといいのです

一説によると、私たちは1日に約5000ものことを考えるそうです。

1つの思考は別の関連すること、以前の出来事、ほかの同じような出来事などへと縦横無尽に広がります。

さらに注目すべきは、**思考の9割は悲観的**であること。

つまり人は、1日に4500ものマイナス思考を生み出すのに対し、プラスの思考はたった500しかないのです。

マイナス思考はどんどん増殖するという特徴があります。

いったんマイナスの方向に考え出すと、マイナスがマイナスを呼び、加速度的にマイナスが積み重なってしまうのです。

こうした事態を避ける方法があります。

それは、**マイナス思考になってしまったら、プラスの言葉を口にする**ことです。

「ゴチャゴチャ考えるより、とにかくやってみよう」

「大丈夫。話せばわかる」

などと言葉にしてみましょう。

プラスの言葉を1つ口にすることで、マイナス思考の増殖を防ぐことができるのです。

人はマイナス思考になりがち。意識的にプラスの言葉を口グセにしよう

05

人生は一直線ではなく、ぐるぐる回りだと考える

心の不調を訴える人が増えています。
それは、人生を「右肩上がり」の一直線グラフでイメージするからです

病気、失恋、会社の倒産……。人生には下がるときがあって当然ですが、右肩上がりの一直線でイメージしていると、ちょっと下がっただけで、すっかり落ち込んでしまいます。

人生は、ぐるぐる回りのスパイラルで捉えましょう。**下がるときもあるけれど、それもエネルギーにして上昇する**イメージです。

円＝縁。人生をスパイラルと考えると、**敵だと思っていた人が実は成長の源だったことに気づかされる**こともあるでしょう。誰の人生も一直線ではないのです。

直線マインドからスパイラル・マインドへ

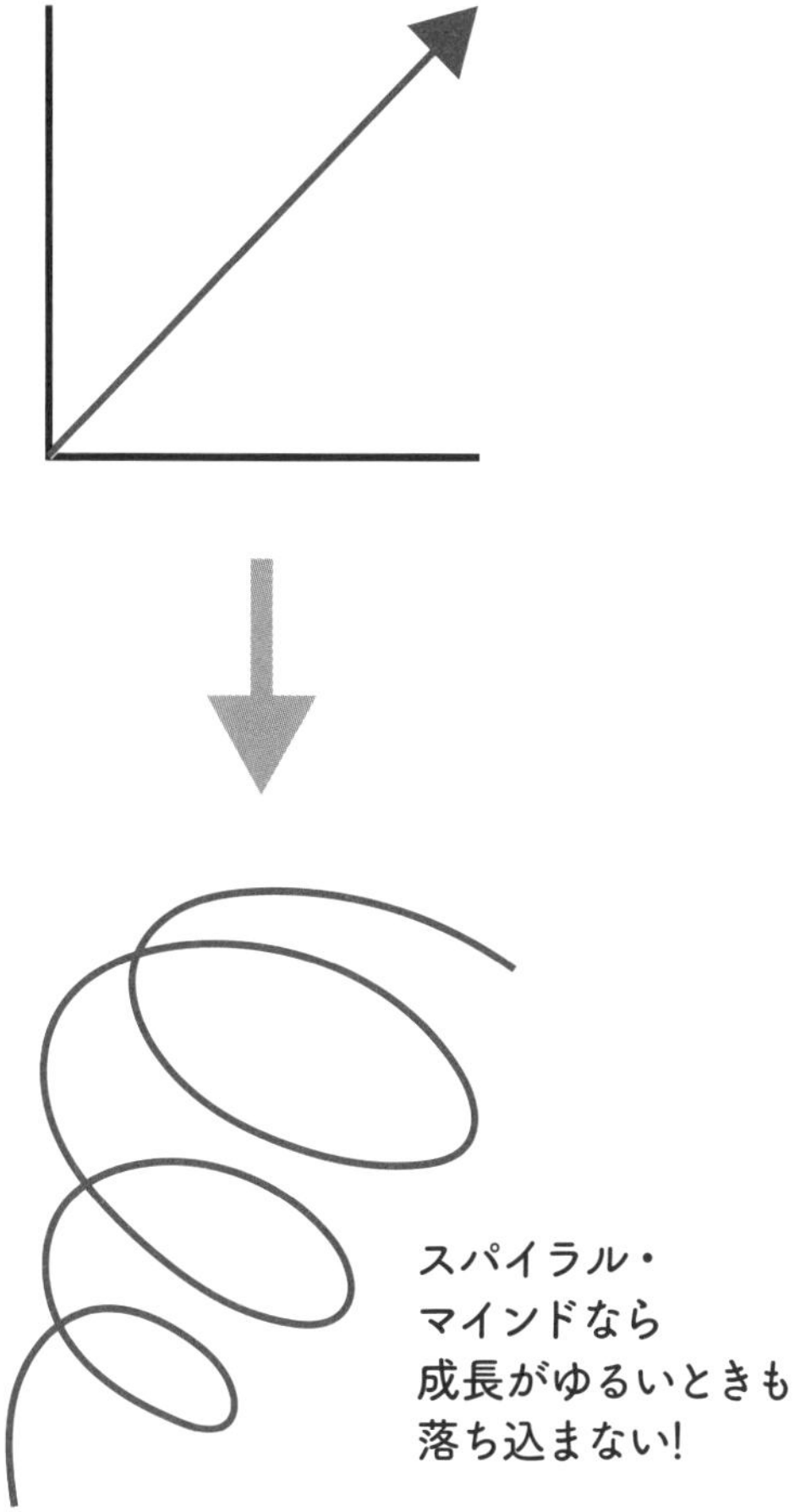
スパイラル・
マインドなら
成長がゆるいときも
落ち込まない!

**ぐるぐると円を描きながら、
自分の成長に周囲を巻き込んでいこう**

06

自分自身に○をあげる

自分に対してダメ出しばかりするのではなく、自分自身を受け入れて、自分らしく生きましょう

私たちは、自分に対してダメ出しをし、×を与えがちです。

その背景には、足りないものを埋めれば幸せになれるという思考があります。

しかし、自分に×ばかりつけていると、自分は世の中に必要のない人間だと勘違いしてしまいます。


人間は誰しも承認を求めているので、×ではなく○をもらうことで、充足感が増して幸せな気分になります。

ただし、この○を他人からもらおうとすると、だんだん他人の目を気にするようになり、自分より他人のほうが優先順位が高くなってしまうので注意が必要です。

大事なのは、自分で自分に○をあげること。それさえできれば、他人の目を気にすることなく、自分らしく生きることができます。

そのためには、全身が映る鏡の前で、

「私は自分以上でも自分以下でもない。私はそんな自分が大好きです」

とつぶやいてみましょう。背伸びすることなく、ありのままの自分でいいのだと、自分自身を受け入れられるはずです。

自分に○をあげて、ありのままの自分を受け入れよう

07

「すみません」より「ありがとう」と言う

ドアを開けてもらったときに、ついつい「すみません」と言っていないでしょうか。「ありがとう」のかわりに「すみません」と言う人は多いのですが、このクセは心にマイナスの影響を与えます。

「私はヘマばかりしている」と心に刷り込んでしまうからです。

反対に、**「ありがとう」は言えば言うほど「私はツイている」「世の中、感謝することばかり」と心に刷り込むこと**になり、セルフイメージも高まります。

感謝の言葉をたくさん口にして、心にポジティブなクセをつけよう

08

本を読んで自由を手に入れる

私たちは経験から学び、成長するものです。しかし、一人の経験は限られています。

そこで大切なのが読書です。本は、著者が長い年月をかけて経験し、培ってきた知恵を、わずか数千円程度のリーズナブルな価格で公開しているもの。**読むだけでさまざまな人生を体験できますから、私たちの成長をスピードアップさせてくれます。**

成功者の自伝から難関を突破するヒントを得られたり、遠い国の人々の生き方から凝り固まった考え方を解きほぐせたり。人生の視野が広がり、心もグーンと楽になります。

本は最高の家庭教師。いろんなヒントや視点を学ぼう

PART

1

うまくいく人の「心」の習慣　まとめ

- [ ] つねにいい気分でいられるように生きる　18ページ
- [ ] 出来事のプラスの部分を見つける　20ページ
- [ ] 考え方より感じ方を重視する　22ページ
- [ ] 落ち込んだときはプラスの言葉を口にする　24ページ
- [ ] 人生はスパイラルだと捉える　26ページ
- [ ] 自分自身のことを認めてあげる　28ページ
- [ ] 「ありがとう」を口グセにする　30ページ
- [ ] 本を読んでさまざまな人生を体験する　31ページ

PART

2

うまくいく人の「お金」の習慣

人生とお金は切っても切り離せない存在です。
お金を得て、お金を使う。
夢をかなえるために、
お金に愛される習慣を持ちましょう。

01

お金への偏見を捨て、お金をリスペクトする

「お金は汚い」「お金を貯めるのは下品」と思っていませんか？
お金に敬意を払うと、お金と両思いになれます

お金は決して、ネガティブな存在ではありません。しかし、多くの人は「お金の話ははしたない」という偏見を持っています。**「お金は汚い」と思っていると、お金はないほうがいい、**貯めるなんてとんでもないということになってしまうのです。

お金へのマイナスの思いは、お金の流れを遮断します。それでは、なかなかお金は貯まりません。

お金が貯まらないのが悩みなら、貯金より、家計簿をつけるより、「お金を好きになる」ことが最初の一歩。「お金大好き！」と声に出す習慣をつけましょう。

お金を愛して、お金に敬意を払う方法

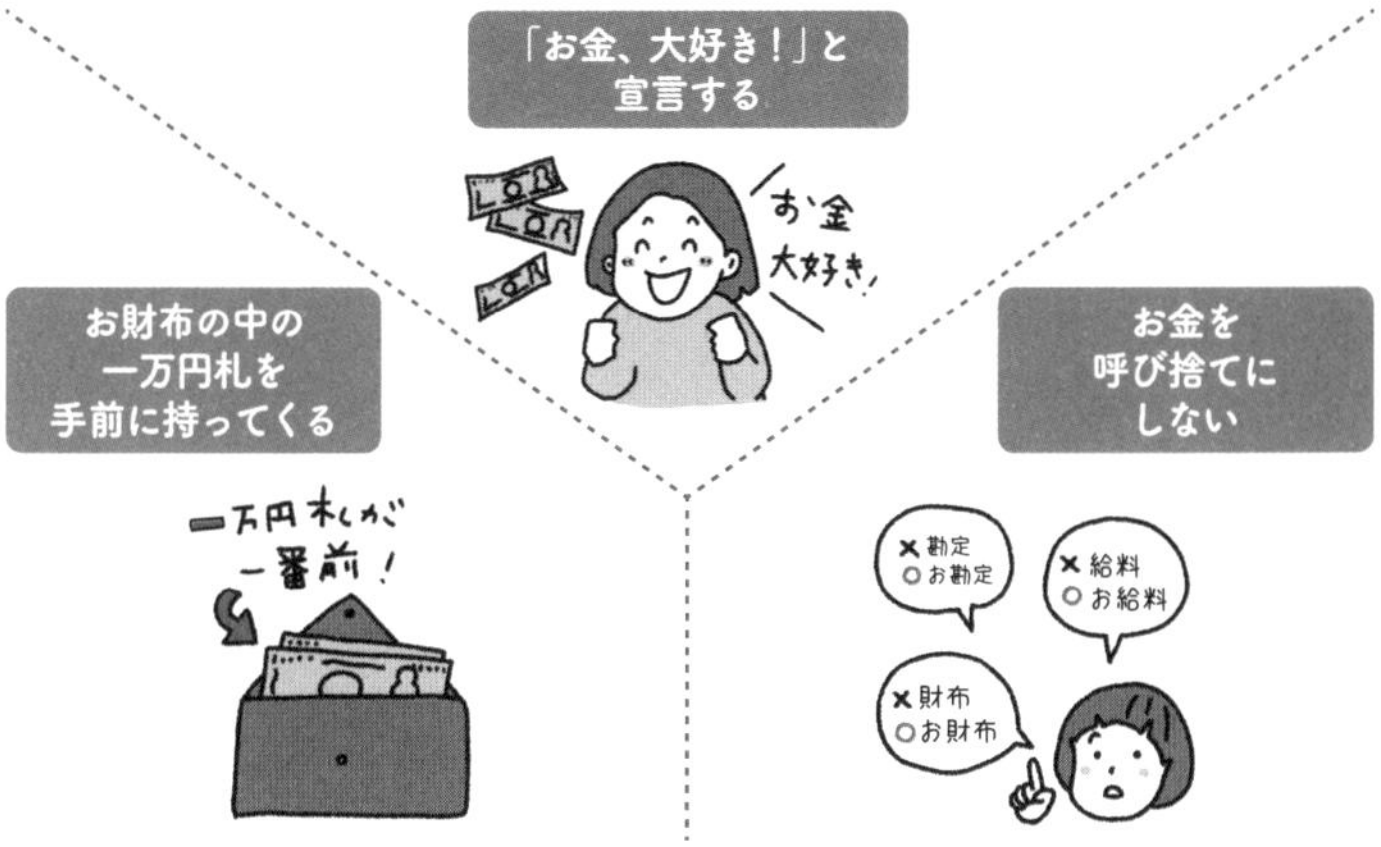

「お金、大好き！」と宣言する
お金大好き！
お財布の中の一万円札を手前に持ってくる
一万円札が一番前！
お金を呼び捨てにしない
×勘定 ○お勘定
×給料 ○お給料
×財布 ○お財布

呼び方も大事です。「お」をつけて「お金」と呼びましょう。**お金に関する愛情がない表現は金運を下げてしまいます。**「給料」ではなく「お給料」、「勘定」でなく「お勘定」と言いましょう。お金を愛するほど、お金にも愛されるのです。

お財布の中も大事です。一万円札と千円札、どちらが手前にあるでしょうか。

手前に置くべきは一万円札。「一万円が私と一番相性のいいお金」というように、セルフイメージを書き換えてしまうのです。

お金を貯めるための第一歩は、お金を好きになること

02

「お金の先にあるもの」に目を向ける

お金がほしいとただ思うだけではなく、具体的なビジョンや目標を持つようにしましょう

「お金がほしい」と言う人は多いですが、実際にほしいものは、お金そのものではなくお金で手に入る「自由」ではないでしょうか。

お金があれば好きな場所に旅行し、家や車、好みの生活を手にする自由が手に入る――つまり、お金とは夢をかなえるエネルギー。この本質が理解できれば、お金をほしがることを恥じることはないとわかります。

お金は空気と同じ。なくてはならないものですが、目的ではありません。

「お金を使ってやりたいこと」に目を向けよう

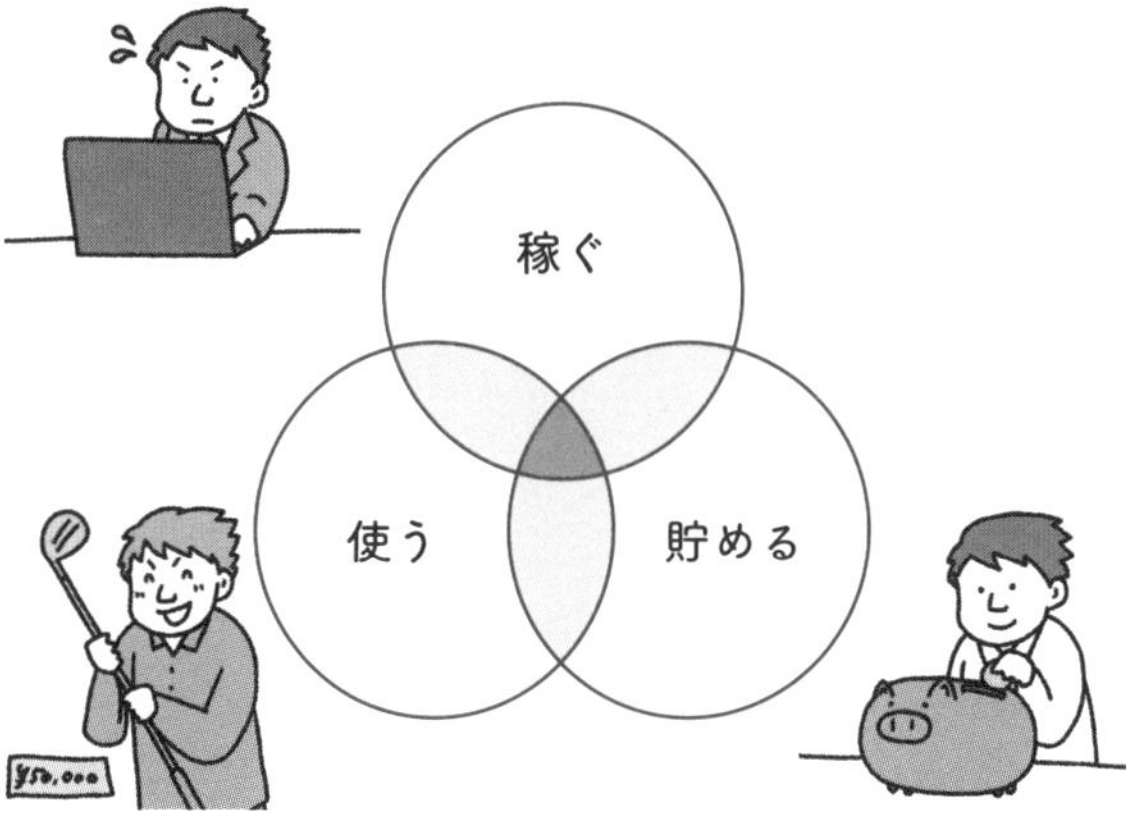

ですから、お金の先にある「お金を使って何をしたいのか？」に目を向けましょう。

具体的なビジョン、目標に落とし込んだほうが、ただ「お金がほしい」と思っているだけよりも、はるかに効果的。

実は、お金の先にある強い夢、具体的なビジョンにお金は集まってくるのです。

お金は夢をかなえるエネルギー。「お金を使ってやりたいこと」に目を向けよう

03

お金は感謝状！よろこばれる仕事をしよう

日頃から感謝と社会貢献を心がけていれば、お金は必ず巡ってきます

感謝されるような仕事をしている人には、お金が入ってきます。ちょうど心臓が血液を体中に行き渡らせるように、「感謝」がお金を巡らせるのです。

なぜか、お金が回ってこない……。もしそうなら、悲しいかな、あなたの働きがあまり感謝されていないのかもしれません。**「お給料のために働く」のではなく、その先にある幸せ、社会貢献を意識してみる**ことから始めましょう。

レジ横の募金箱におつりの小銭を入れるだけでもＯＫ。感謝と社会貢献――そのために旅立たせたお金は、巡りめぐって必ず戻ってくるのです。

お金を呼び込み、巡らせる習慣

お金の勉強をする

税金、保険、金利、節約テク、経済など、お金にくわしい人ほどお金を稼ぐことができます

キャッシュ・ポイント（収入源）を複数持つ

ちょっとだけでも収入源が複数あれば、本業に余裕を持って取り組めます。
会社員ならアフィリエイトなどでも

お金は午前中にチェックする

ちょっとしたミスで信用を失わないよう、お金の管理や作業は脳がフレッシュな午前中に

マネー専用スペースを持つ

お金の管理・作業は、専用デスクで。むずかしければいつものテーブルでも特別感を演出しましょう

お気に入りの電卓を持つ

お金の計算が苦手でも、電卓があれば大丈夫。それがお気に入りなら、使うのが楽しくなります

長財布をきれいに使う

お金を折りたたまずに入れられる長財布なら、お金も居心地がいいはず。こまめに手入れしたきれいなお財布でお金を呼び込みます

仕事に向き合い、お金を大切に扱う人のところにお金が入ってくる

04

革の財布、銀の財布、金の財布——3つのお財布を使い分ける

お財布とは、普段持ち歩くお財布だけではありません。「銀行」と「金庫」をお財布として上手に使うとお金がたまります

お金をためるには、3つのお財布を使ってお金を循環させることが大事です。

①革のお財布……おすすめは「革の長財布」。お金が全身を伸ばせる「気持ちのいいお金のホテル」にお客さん（＝お金）は集まります。

②銀のお財布……簡単におろせない貯蓄専用口座を持ちましょう。ポイントはキャッシュカードを作らないこと。通帳を持ち歩き、ATMを見かけるたびに小銭を貯金します。

③金のお財布……自宅に置く金庫です。小さくてもいいので、お金を種類別に分類して置いておけるものにします。お金の居場所を作って迎え入れましょう。

お金の循環を作ろう

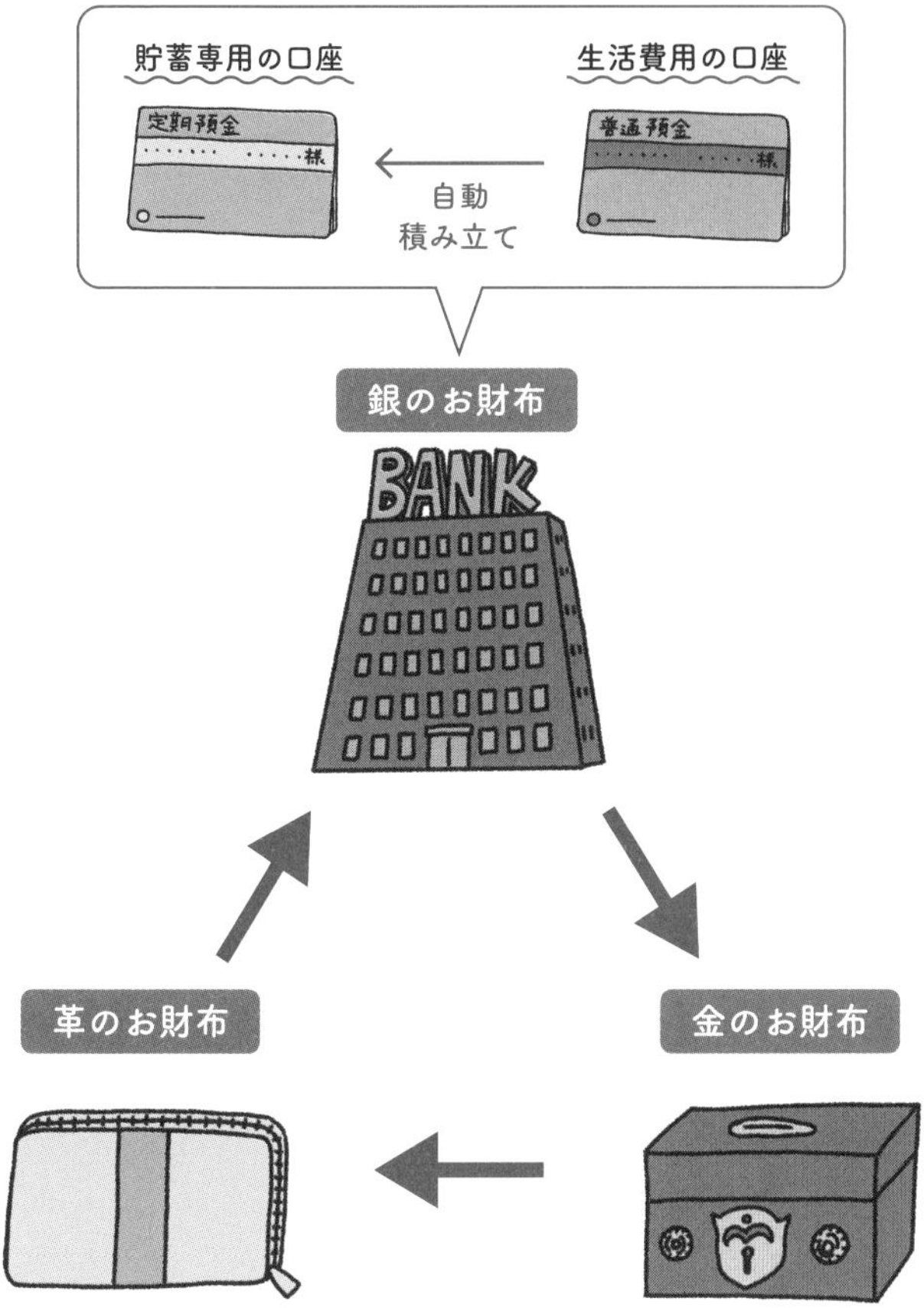

銀行からおろしたお金を、
金庫で管理し、お財布に移して持ち歩こう

05

お金に愛情を持って、よろこんで旅立たせよう

お金への最高の愛情の示し方――それは「いい使い方」をすることです。「すぐに、キャッシュで、よろこんで」使うようにしましょう

お金の使い方には「消費」「浪費」「投資」の3つしかありません。

「消費」は生活に必要なものを買うこと。「投資」は、自分の成長や資産を増やすための使い方です。

消費や投資は気をつけないと「浪費」に変わります。たとえば、「安いから」といって食べきれない食材を買ったり、ギャンブルに使ったりすることも同じ。ムダなお金を使ったと後悔することでしょう。

お金が帰ってきてくれる秘訣

すぐによろこんで支払う

家以外のローンは組まない

少額でいいから寄付をする

使ったお金をノートに書き出す

お金を使うときには**「消費」「浪費」「投資」のどれに当たるか自問自答するクセをつける**ことが本当に大事です。

そして、これは必要な支払いだと思えるなら、「私のところに来てくれてありがとう。さあ旅立ちだよ。行ってらっしゃい！」と明るく、愛情を持って旅立たせましょう。

お金を使うなら、欠乏感・不足感を感じながら使うのではなく、気持ちよく使うのが、お金が帰ってくる秘訣なのです。

お金は気持ちよい使い方をする人のところに帰ってくる

06

お金を使って人間関係を広げよう

いつも同じメンバーで遊ぶのではなく、たまには人間関係を広げてみましょう

私たちは、いつもおんなじメンバーで食事やお茶をしたり遊んだりしがちです。

恋人とだったら2人きり、友達の場合は2人で遊ぶこともあれば、10人以上で食事をすることもあるでしょう（今はなかなかそういうこともできませんが）。

もちろん、恋人や友人との食事や遊びもかけがえのない時間ですが、どうせお金を使うのであれば、たまには**人間関係（ヒューマンネットワーク）が広がる**お金の使い方もしてみたいものです。

「人間関係を広げる」と聞くと、ついつい友達に紹介してもらおうとしがちです。

しかし、**実際に人間関係を広めるためには、逆に知り合いのために別の人を「紹介する」ことにお金を使いましょう。**たとえば、ビジネスパートナーになりそうな人たちや、恋人募集中の2人を自分経由で引き合わせてあげるのです。

コーヒーを飲みながら2人を紹介したら、自分は席を外しても問題ありません。

紹介が2人にメリットをもたらしたら、感謝されます。そして、その2人からも良い人を「紹介してもらう」ことができます。

まずは**自分が他人に貢献することで、他人からの信用が得られます。**その信用が新たな出会いを運んでくれるのです。

先に自分が知り合いに人を紹介することで、良い人を紹介してもらえるようになる

07

細かいお金の使い道を記録する

無駄遣いをなくすためには、
お金の使い道をひたすらメモするのがオススメです

あなたは、お金を無駄遣いしてしまっていないでしょうか。
たとえば、お腹が空いているわけでもないのに、お菓子がレジの隣にあると、ついつい手を出してしまうことがありませんか?

このような無駄遣いを防ぐためにオススメなのは、記録に残すことです。
1冊のノートを用意して、お金を使うたびに金額と用途をひたすらメモしていきます。
そして、たまに過去にさかのぼってノートを見返す習慣をつけましょう。

先ほどの例のように、ついついお菓子を買ってしまっている人は、ノートにたくさんのお菓子の文字があることに気づくはずです。

一つひとつの金額は100円程度など小さなものかもしれませんが、それが100個積み重なれば全部で1万円などと、大きな金額になってしまいます。

このような無駄な出費はどんどんカットしていきましょう。

私自身もこの方法で、自分がコーヒーを飲み過ぎていると気づくことができました。

今では無駄遣いもなくなり、カフェイン中毒からも卒業できて生活の質も上がったので、一石二鳥の効果がありました。

記録を見返すことで、小さな無駄遣いとよくない習慣に気づくことができる

08

複数のクレジットカードを作らない

カードを複数枚持つと使いすぎにつながるおそれがあるので、クレジットカードを使う場合は1枚にまとめましょう

「金銭トラブルを起こす人の多くは、複数のクレジットカードを使っている」という調査結果があるようです。

カードへの請求額が分散されることで、危機感を抱きにくいからでしょう。

たとえば、3枚のカードを持っている人が、1枚のカードを「4万円程度なら支払えるだろう」と思って軽い気持ちで使ってしまうと、月末には3枚のカード合わせて最大で12万円が請求されることになります。

「12万円は一度に支払えないから」とリボ払いにしてしまうと、手数料がどんどん膨れ

上がっていって最終的に返済しきれなくなってしまいます。

このような失敗をしないために、**クレジットカードは1枚にまとめましょう。**請求額を把握しやすくなり、使いすぎを防ぎやすくなるからです。

クレジットカードは、自己管理ができない人が使うべきではありません。しかし、自己管理ができるのであれば、カード払いには大きなメリットがあります。それは、**ポイントがどんどん貯まっていく**ことです。特に、毎月の家賃や水道光熱費などは、出ていく金額も大きいので、その分ポイントが貯まります。

カード払いの習慣がつけば、スマホの料金くらいはポイントで支払えるようになるかもしれませんね。

カードはうまく使えば、ポイントがたまる大きなメリットも

PART
2
うまくいく人の「お金」の習慣　まとめ

- ☐「お金、大好き！」と声に出す　34ページ
- ☐ お金を使って何をしたいかを考える　36ページ
- ☐ 感謝と社会貢献を意識して仕事をする　38ページ
- ☐「3つのお財布」でお金を循環させる　40ページ
- ☐ お金を使うときはよろこんで！　42ページ
- ☐ 知り合いのために別の人を紹介する　44ページ
- ☐ お金の使い道を記録して見返す　46ページ
- ☐ クレジットカードは1枚にまとめる　48ページ

PART

3

うまくいく人の「運」の習慣

運が転がってくる人、運気のいい人、ツイている人をうらやましく思う必要はありません。
運は自分次第で手に入れることができます。
運を味方につければ、どんなときも気分よく、自信を持って歩みを進めることができます。

01 朝の光で目覚め、どんな天気でも窓を開ける

毎日、気分よく過ごせたら、人生は素晴らしいものになるでしょう。そのために大切なのは朝の過ごし方。毎日をいい気分でスタートすることです

新しい朝は最高の気分で目覚めたいもの。**理想の目覚めは「朝の光」で自然に起きること。**そのためのコツは、カーテンやブラインドをほんの少し開けて眠ることです。

さらに、お気に入りの音楽が流れるようにタイマーをセットしましょう。

目覚めたときのオススメの一言は「なんとなくイイ気分!」。曇っていても、雨が降っていても、ガラッと窓を開けて、新鮮な空気を吸い込めば、気分がさらにスッキリします。

洗面所に立ったら、鏡の中の自分に、機嫌よく「おはよう!」と声をかけましょう。いい気分でスタートする1日は、運のいい日になること間違いなしです。

朝の空気から運を引き寄せる

窓を開ける

部屋にたまった二酸化炭素を取り除き、
清らかな空気を取り入れる

自分にあいさつする

自分史上、最高の私が映っていると思って、
笑顔で、機嫌よく

**毎朝、「なんとなくイイ気分」で
目覚めることにこだわろう！**

02

掃除・整頓・整頓――「3S」で心をクリアにする

部屋の状態は心の状態。散らかった部屋では気持ちもスッキリしません。スッキリした部屋で毎日スッキリ過ごしましょう

ある経営コンサルタントは、クライアントの方に必ず最初に「3S＝掃除・整理・整頓」を指導するそうです。

経営改善や社員のモチベーションより、まずは**会社をきれいにする。何よりも、それが業績アップに効果的**だというのです。

会社のデスクも大事です。机の状態は、心の状態そのもの。机の上がごちゃごちゃなら、その社員ははっきりした目標もなく、ミスの確率も高い傾向にあります。

個人の家でも同じことです。散らかった部屋で生活していて、毎日イイ気分で充実した人生を送っているという人に、お目にかかったことはありません。

人生が充実していないから部屋が散らかってしまうのではありません。**散らかっているから人生が充実しない**のです。

特に大切なのは玄関。玄関を見ればその人の充実度がわかります。

毎日、玄関掃除をするのは無理でも、朝、履かない靴を下駄箱にしまうくらいならできるはず。

玄関がきれいだと、部屋も自然と整ってくるから、本当に不思議ですよね。

社内で一番きれいな机、近所で一番きれいな玄関を目指そう！

03

毎日、夢を口に出す

「流れ星」に願いをとなえると、願いはかなう
——これ本当です。その理由をお教えしましょう

「流れ星が消えるまでに、願いごとを3回繰り返すとかなう」

と言われることがあります。

この言葉の意味は、

「早口言葉が上手な人は願いがかないやすい」

ということでは、もちろんありません。

正しい流れ星伝説は、「流れ星が消えるまでに願いごと1回を言いきる」ことが、3度
できることです。

流れ星はいつも突然あらわれます。**「どんなときでも願いごとをきちんと言えるくらい、いつも強く思っているか」**が問われているわけです。

つまり、流れ星に出合えるかどうかより、いつでも夢や志を語れる状態にしておくことが重要なのです。

おすすめは、シャワー、ジョギング、洗顔など、**すでにある習慣の中に、夢や志を口にするという習慣をプラスする**こと。夢や志を語る時間を設けるのは難しくても、これなら続けることができるでしょう。

どんなときでも、夢や志をはっきりと語れるようにしよう

04

スマホの待ち受け画面を変える

スマホの待ち受け画面は1日200回も見るので、
私たちの潜在意識に大きな影響を与えています

人間は繰り返し同じものを見ることで、それが潜在意識に取り込まれ、そこから大きな影響を受けてしまいます。

私たちが日常で繰り返し見ているものの一つが、スマホの待ち受け画面です。

メールや時間などをチェックしたり、調べ物をしたりなど、スマホを触るたびに目にすることになります。ある統計によると、私たちはなんと1日平均200回もスマホの待ち受けを見ているのだとか。つまり、**これほど頻繁に目にするスマホの待ち受け画面から、私たちは潜在的に大きな影響を受けている**のです。

もし、待ち受け画面に暗いイメージのものを使っている人がいるなら、すぐにやめた方がいいでしょう。その暗いイメージが潜在意識に取り込まれてしまいます。

待ち受け画面には、自分の人生のゴール・イメージを取り入れるようにしましょう。

1日200回そのイメージを見ることで、潜在意識にインプットするのです。

特にゴール・イメージがない場合は、自分の最高の笑顔の写真を待ち受け画面にしてもいいかもしれません。せっかく1日200回も目にするのですから、初期設定の画面ではなく、自分のお気に入りの待ち受け画面に差し替えてしまいましょう。

スマホの待ち受け画面に、自分の人生のゴール・イメージを取り入れよう

05

時には裸足《はだし》で芝生や土の上を歩く

私たちは普段、靴を履いてコンクリートの上を歩いています。特に都会で暮らしていると、大地に直接触れる機会はほとんどありません。

そのため、**持ちたいのが週末に裸足で土に触れる習慣。**これだけでも、身体にたまった邪気が大地に逃げ、土からエネルギーをもらえます。

公園の芝生の上や、近所の河原でもよいでしょう。疲労がやわらいでいく感覚を、必ず得ることができますよ。

裸足で歩ける場所を探しに、近所の街や公園に出かけよう

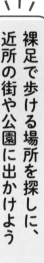

06 手書きのメッセージカードを贈る

最近はメールやチャットなどがメインの連絡手段になっていますが、お世話になっている人には折に触れて手書きのメッセージを渡しましょう。**メッセージカードや一筆箋なら気軽**です。デザインがきれいなものをいくつか用意しておきましょう。きっかけがつかめないなら、**スモールプレゼントに添えるのがオススメ**です。相手に心理的負担をかけないよう、数百円程度のお菓子でOK。自分でリボンをかけると、よりあたたかみが増します。

特別な日でなくても、日頃から感謝を伝える習慣を持とう

07

心臓の音を聞く

誰かと比べて卑屈になったり、失敗して落ち込んだときなどには、自分の胸に手をあてて心臓の鼓動を感じてみましょう。聴診器を持っていれば、ぜひ心臓の音を聞いてみることをおすすめします。

命は存在するだけで素晴らしいもの。でも、心がささくれてしまうと、自分の存在を素直に肯定するのが難しくなります。そんなときでも、**鼓動を聞いていると不思議と気持ちが落ち着き、生きていることへの感謝がわいてくる**はずです。

命を感じることで
自分を大切にできる

08

いい気を感じる場所に移動する

「なんだか気が乗らない……」そんなときは、場所を変えるのがいちばんです。

「運転」は「運を転がす」と書きますが、**移動するだけで運がどんどん変わっていく**わけです。ノマドワーカーという言葉もあるとおり、いまどき仕事も勉強も決まった場所でする必要はありません。

公園、空港、ホテルなどでお気に入りのカフェを見つけて、「お気に入りマイプレイス」にするのもいいですね。小旅行でも散歩でもOK。自分の運をよい方向に転がしましょう。

自分だけの「気分のいい場所」で過ごす時間を大切に

PART
3
うまくいく人の「運」の習慣　まとめ

- [ ] 朝の光で自然に目覚める 52ページ
- [ ] 家の玄関をきれいにする 54ページ
- [ ] いつでも夢や志を語れる状態にする 56ページ
- [ ] 待ち受け画面をお気に入りの写真にする 58ページ
- [ ] 週末に裸足で土に触れてみる 60ページ
- [ ] 手書きのメッセージカードを渡す 61ページ
- [ ] 胸に手をあてて心臓の鼓動を感じる 62ページ
- [ ] 気が乗らないときは場所を変える 63ページ

PART

4

うまくいく人の「人間関係」の習慣

人との関係の中で成長していくのが人間です。
人間関係は幸せと同時に
悩みをもたらすものでもあります。
でも、ちょっとしたことで、すてきなご縁を
つないでいくことができます。

01

自分から先にあいさつする

いい人間関係を作るには、何よりもまず「自分から先に」あいさつすること。
これ以上大切なことはありません

「挨拶《あいさつ》」という漢字には「心を開いて相手に迫る」という意味があります。**自分から先にオープンマインドで相手に近づいていく**のが、上手なあいさつです。

はじめて会う人と、ご縁がつなげる上手なあいさつの方法をお伝えしましょう。

まず最初に、**自分から「フルネームで名乗る」**こと。名字だけより、ずっと印象が強くなります。次に**「相手の話で盛り上がる」**。「あなたに興味があります！」という気持ちが伝わります。

ご縁をつなぐには3つめが大事。それは、**次のアポイントを取る**ことです。

「近々、ごあいさつにうかがっていいでしょうか？」と言って本当に実行しましょう。

ご縁をつなげるあいさつの方法

ステップ 1

「自分から先に」「フルネーム」であいさつする

はじめまして！
山田太郎です

このタイミングで
名刺交換するとベター

ステップ 2

相手のことを質問する

最寄りの駅は
どちらですか？

名刺交換できたら
相手の会社の場所、職種、
役職などについて質問しよう

ステップ 3

次のアポイントをとる

近々、
ご挨拶にうかがっても
いいでしょうか？

次の約束ができれば
ご縁がつながったと
言える

**出会いは、次のアポイントを
取ることでご縁につながる**

02

相手の居場所を作る

「自分の居場所がない」と感じることは、最もつらいことの1つ。ですから「ここにあなたの居場所があるよ」とメッセージできる人は、間違いなく好かれます

パーティや飲み会など、おおぜいの人が集まる場所で、自分だけ知り合いがいないと、まるで「ここにあなたの居場所はありません」と言われているようで、いたたまれない気持ちがするものです。

そんなとき、「ここにおいでよ」と声をかけられるほど、うれしいことはありません。

「ここ空いてるよ。おいでよ」

「ここ詰めますから、いらっしゃいませんか？」

などと声をかけるのは大事な習慣です。

この言葉は、こちらが積極的にアクションを仕掛けているのですが、実際の行動は相手にとらせています。

ですから、「知らない相手に、ズカズカ入り込まれた」というような感じがせず、受け入れられやすいのです。

「この仲間でカラオケに行くんです。一緒にどうですか」と誘えるなら、さらにいいでしょう。「あなたの居場所がある」というメッセージが強まるからです。

「自分の居場所がある」と思えることは、誰にとってもとても幸せに感じることなのです。

「おいでよ」「いらしてください」の声がけで、信頼感もグンとアップ！

03

8割聞いて、2割話す

親しくなりたいと思うと、ついつい話しすぎてしまいます。
アクティブ・リスニングで相手に話してもらいましょう

人に好かれるのは「話し上手」より「聞き上手」。
そのための方法が**「アクティブ・リスニング（積極的に聞く）」**。
①「なるほど！」「そうなんですね」と**相づち**を打つ
②相手の言葉を**繰り返す**
この2つが大事です。自分の言葉に相手が反応すると、人はすごく心地よく感じます。

相手に8割話をさせて、自分の話は2割にとどめると、「また会いたいな」と思ってもらえる可能性がグーンと高まるのです。

アクティブ・リスニング

▶タイミングのいい「相づち」
▶相手の言葉を「繰り返す」

「相づち」と「繰り返し」を意識して、
上手に反応できるようになろう

04

自分をよく見せようとしない

「本当の自分」とは違う自分を演じていないでしょうか。人をひきつけるには、「カッコつけない自然体の自分」を堂々と見せるしかないのです

最近、セルフブランディングという言葉とともに、ＳＮＳやブログで自分の情報を発信することが一般的になっています。

レストランやイベントに出かけてカッコいい写真をとることが、自分を高める努力につながればいいのですが、本当の自分とは違う〝うそラベル〟をペタペタ貼っているだけなら、それはいつかはがれてしまうもの。

本当のブランディングとは、背伸びすることなく「自然体の自分」を堂々と見せること。

自分を見せて嫌われるなら、そもそもその人とはご縁がなかったのです。

自然体のブランディングをするためにオススメの方法、それは**「失敗談」を話す**ことです。

「私のブランドイメージが下がっちゃう」などと心配することはありません。

成功の話は自慢話になりがちですが、失敗談をきっかけに**「その失敗のおかげでこんな成長ができました」**と話せるなら、これは自然な自己アピール。

失敗のエピソードを通して、最もあなたらしいあなたの姿を魅力的に語ることができるのです。

失敗談を通して、本当の自分の姿を語れる人こそ魅力的！

05

さわやかに「紹介してください」とお願いしてみる

世界中の人はつながっています。どんなに遠くにいる人でも、どんなに有名人でも、紹介があれば知り合うことができるのです

「6次の隔たり」という理論があります。**「知人の、知人の……」というようにたどっていけば、6人で世界の誰とでもつながることができる**という理論で、アメリカの心理学者、スタンレー・ミルグラム博士が実験で証明しました。

つまり、どんな見ず知らずの人でも、人の紹介さえあればつながることが可能だということ。

世界は思いのほか小さかったのです（スモールワールド説）。

SNSを使って人とつながるのもいいけれど、ネットでも現実世界でも、**大切なのは「紹介してください！」とためらわずに言えること。**

「話をしてみたい」

「一緒に仕事をしてみたい」

そんな人がいるなら、「〇〇さんを紹介してください！」とさわやかにお願いしてみましょう。その人が直接知らなくても、6人たどれば、どんな有名人でもご縁がつながります。

人脈がある人をうらやましく思ってばかりいてはいけません。**人脈は自分から積極的に作ろうとする人にもたらされる天からのギフト**だからです。

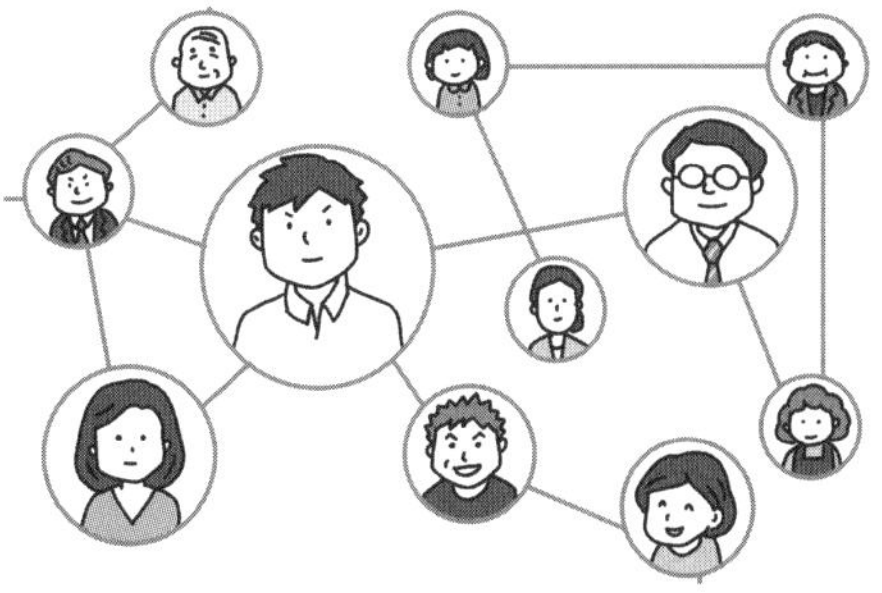

人脈は自分から積極的に作ろうとする人への天からのギフトだと考えよう

06

人には温かく、条件には冷たく

条件面に対してゆるい態度をとってしまうと、
後々のトラブルにつながってしまうことがあります

人に対して、温かく接するのはとても大事なことです。

ところが、この信条を持っている人ほど、条件に対しても同じような態度で接してしまいがちです。

お金や契約、仕事やプライベートでの約束ごとなどに関しても、

「適当でいいよ〜」

「いつでもいいから」

などと、ついイイ人ぶってしまうということです。

しかし、**こういった条件面がいい加減だと、後々のトラブルにつながってしまうことがあります。**

トラブルを防ぐためには、**人には温かく接しても、条件には冷徹で客観的な眼をもって対応しましょう。**

条件面に対してしっかりと対応することが、結局はお互いのためになります。

「あのとき、キチンと覚書を取り交わしておいて、本当によかったですね〜」

と笑い合えるのは、条件面に正面から冷たく向き合い、それに温かく誠意をもって対応した結果なのです。

条件に対して冷徹に向き合うことは、相手への誠意だと心得よう

07

自分にキャッチコピーをつける

自分を他人に印象づけるには、**自分にキャッチコピーをつける**のが効果的。自己紹介のときに、名前とともにキャッチコピーを伝えるとすぐに覚えてもらえます。

短い言葉でサクッと伝えましょう。思いつかなければ、「○○の専門家」がオススメ。短くて明確に伝わります。

「専門家と言えるほどでは……」と謙遜してはいけません。なりたい自分でいいのです。**口に出しているうちに、本当にそれに近づいていける**驚きの効果もあります。

他人に覚えてもらいやすくなり、あなたの成長にもつながる

08

会話のキャッチボールは直球がいい

会話のキャッチボールを気持ちよく続けるコツは、相手が受け取りやすいボールを投げることです。言葉に裏のある**皮肉や自虐は、受け取りにくい変化球。**きちんと受け止めてもらいにくく、会話も続きません。特に**感謝やほめ言葉はストレートに直球で伝えましょう。**

「この店は安くておいしいね。きみが推薦するだけあるよ」

「○○してくれて助かったよ」

わかりやすい言葉、文字どおりの素直な言葉が相手とのよい関係を続けるコツなのです。

変化球の言葉は思わぬ誤解を生むことも……

PART

4

うまくいく人の「人間関係」の習慣　まとめ

PART

5

うまくいく人の「朝」の習慣

1日のスタート、朝。
新しい習慣を取り入れやすいのも朝です。
大切な始まりのときをどう過ごすかで、
大きな違いが生まれます。

01

朝の時間をていねいに過ごす

人生を変える時間帯というものがあるなら、それは間違いなく朝。朝の時間をていねいに過ごすことは、幸せな成功につながります

元日の朝のことを想像してください。窓を開けると1年の最初の空気がフレッシュに感じ、背筋がスッと伸びるようです。

「今年はこんな年にしよう」

「○○にチャレンジしたい」

新しい1年に向かって、前向きな決意が自然と湧き上がってきます。

こんな特別な朝が、1年に1回しかないというのはもったいないことです。

毎朝、お正月の朝のようにワクワクできたなら、人生は素晴らしいものになるでしょう。

というわけでこの章で紹介するのは、毎朝をスペシャルな朝にする習慣です。

毎朝を自分自身の夢、人生のビジョンに向かってスタートする時間にしていきましょう。

もしすべての朝が持つ「朝のパワー」が感じられないとしたら、朝と夜の区別がなくなったからかもしれません。

しかし、人間が人工の光で生活をするようになってから、まだそう時間は経っていません。私たちのＤＮＡには、太陽の光とともに生きてきたリズムがしっかりと刻み込まれています。

ぜひ一度、**朝日とともに起きて、窓を開けてみてください。**

そこには元旦と同じ、凛《りん》とした空気で満たされた空間があるはずです。

朝日とともに起きて窓を開けて、「朝のパワー」を感じてみよう

02

五感すべてで朝を味わいつくす

寝起きのぼーっとした状態こそ、自身の潜在意識にアクセスするチャンス。ポジティブなイメージをインプットしましょう

寝起きのぼーっとした状態は、1日に何回かの特別な脳の状態です。

半分寝ているけれど、半分起きている――この状態は、普段は意識できない潜在意識にアクセスする貴重なチャンス。

この時間に感じたこと、声に出したことは、潜在意識の奥底に入り込みやすいのです。

潜在意識は自分を夢の実現に導いてくれる誘導装置のようなもの。このオートパイロット効果を活用しない手はありません。ゆっくりと心と身体を目覚めさせながら、自分の五感すべてを使って特別な朝を味わいつくす。そんな過ごし方をぜひ一度してみてください。

五感すべてで朝を満喫する

視覚

朝日とともに目覚める

早寝・早起きで人間本来のリズムを取り戻す。太陽の光を浴びて目覚めよう

聴覚

音楽を聴く

小鳥のさえずり、小川のせせらぎなど自然の音にヒーリングミュージックを重ねたものがベスト

嗅覚

アロマの香りを楽しむ

アロマの香りを染み込ませたハンカチ、スカーフ、タオルなどで脳を刺激する。グレープフルーツの香りが最もオススメ

触覚

シャワーを浴びる

熱めのシャワーを浴びながら、思いをインストールするアファメーションを。自分の夢を声に出そう

味覚

朝食を味わう

朝はお腹がへって目が覚めるのが理想的。朝食の有無や量は人によって差がありますが、バナナ１本でもＯＫです

朝こそゴールデンタイム！
五感すべてで１日の始まりを迎えよう

03

毎朝3分間、人生のビジョンに目を向ける

今日1日をなんとか乗り切るか？　人生の目標達成に向けて1日を過ごすか？
朝3分は人生を変える時間です

一人静かに自分を見つめるのには、フレッシュで穏やかな気持ちの朝が最適です。朝、一人の時間を意識的に確保して、人生をデザインする時間にあてましょう。**たとえ1日3分だとしても、1年間続ければ18時間**になります。オススメの3分の使い方は**「手帳タイム」**にすること。手帳の1ページ目には夢やビジョンを書いておきましょう。

人生の目標を確認したら、それに向けての今日**1日の段取りを確認**します。予定ではなくて、段取りであることがポイント。「○時の打ち合わせ前に○○を終わらせよう」「ランチは早めがいいな」など、**アクションプランを立てて1日をスタートしましょう。**

朝の一人時間の過ごし方

人生をデザインして
1日のアクションプランを立てる

1日3分×1年間＝18時間

**一人時間を作るかどうかで
大きな違いが生まれる**

手帳の1ページ目を見て
人生のゴールを
インプットする

1日の具体的な段取りを
立てる

昼休みは
短めに…
夜はデート
だから♡
Diary

**朝3分で人生をデザインし、
目標実現に向けて1日を過ごそう**

04

身体をゆっくりとアクティブな状態にする

朝は身体のリズムに合わせてゆっくり目覚めましょう。自分の身体と対話しながら、少しずつ目覚めていきます

ぼーっとするのは悪いことだと思いがち。でも、朝の「ぼーっ」はとても大事です。目が覚めたら、すぐ起き上がらず、手のひらを握りましょう。手のひらには、心臓に関係する労宮《ろうきゅう》というツボがあります。**軽く3回、少し強く3回、最後に強く3回**です。**身体を起こしたら10秒正座**します。「今日も1日よろしくね」と身体に語りかけましょう。窓を開け、新鮮な空気を吸って太陽にあいさつ。それから顔を洗ったり、歯を磨いたり。**洗面所では、目薬をさす**のも忘れずに。最後は身体のチェックです。体重・体温をはかったら、仕上げにストレッチ。身体の状態を確認しながら、柔軟性を高めていきます。

朝のアイドリングタイムの過ごし方

ベッドで

手のひらを軽く3回、
少し強く3回、
強く3回握る

→ フトンの上で
10秒正座する

▼

起き上がって

窓を開けて
新鮮な空気を取り込む

→ 自分のゴールや
目標をつぶやく

▼

洗面所で

顔を
洗う

→ 歯磨きを
する

→ 目薬を
さす

→ 体重を
はかる

▼

リビングで

体温をはかる

→ ストレッチをする

**気持ちよく1日を過ごすために、
身体と向き合おう**

05

一人暮らしでも、「行ってきます！」と宣言する

「行ってきます！」と宣言することでメリハリがつき、いいスタートダッシュを切ることができます

子ども時代や同居している家族がいるときは、朝出かけるときに
「行ってきます！」
と家族に声をかけてから出かけていたのではないでしょうか。
ところが、一人暮らしになると、自分以外の人がいないので、自然と口にする機会が減っていってしまいます。もしかしたら、朝起きてから会社に着くまで一言も発していない人もいるかもしれませんが、これでは1日の中でメリハリがつきません。

一人暮らしだったとしても、家を出るときに「行ってきます！」と宣言することで、家

の「内」と「外」のメリハリがつきます。

外に出た瞬間に、ビジネスモードに切り替えることができるのです。

大事なのは、大きな声でハッキリと言い切ること。テンション低めで宣言しても意味がありません。

「行ってきます」という言葉には、「必ず大事な場所に帰ってくる」と約束するような不思議な雰囲気があります。

朝から気合いを入れる言葉としてもぴったりです。

家族がいてもいなくても、「行ってきます！」と元気よく宣言してから家を出ることで、いいスタートダッシュで1日を始めることができるのです。

「行ってきます！」は大きな声でハッキリと！

06

空を見上げて、いい波動を出す

いい波動にはいい波動の人が、悪い波動には悪い波動の人が集まります。

いい波動を出して、いいご縁をつくりましょう

歩きながらスマホをいじる「歩きスマホ」が、現在社会問題になっています。

もちろん、前を見ないで歩くと人にぶつかって危険なのでやめたほうがいいのは確かです。

そして、危険という以上に、下を向いて歩くといいご縁を逃してしまいます。悪い波動が出てしまうからです。

この世のすべてには波動があり、似たものどうしの波動が集まります。

悪い波動の人には、悪い波動の人が集まってしまうのです。

心と体は連動しています。

スキップしながら人の悪口を言うような人はほとんどいないですよね。

それと同じように、顔が上を向いているときはネガティブな気分になりにくい傾向にあります。

朝、出かけるときにただ空を見上げるだけで、ポジティブな気分になり、いい波動が出ます。いい波動を出していればいい人が集まるので、いいご縁に恵まれるのです。

いいご縁はただじっと待つだけのものではなく、自らポジティブな波動を出すことで引き寄せていくものなのです。

ポジティブな波動を出して、いいご縁を引き寄せよう

07

スキンシップする

スキンシップは、幸福感を司る「オキシトシン」という脳内ホルモンの分泌を高めると言われています。ですから、**自分以外の命に触れると、幸せな気持ちと、その日を生き抜く活力が湧いてくるのです。**家族ならハグが一番。ハイタッチやグータッチでもＯＫです。相手は人でなくてもいいのです。**観葉植物に触れるだけでも効果**があります。公園などでエネルギーのある大きな樹に抱きつくのは効果絶大！　オススメです。

自分以外の命に触れて、生きる活力を感じよう

08 テレビをつけない

なぜあなたはニュースを見るのでしょうか。世界の問題をいち早くキャッチして、解決のためにすぐ行動したいから？

実は、**現代人は空白の時間が怖い**のです。会話が途絶えるのも怖いし、刺激がないとさみしく思う――だから、ザワザワ感を求めて、理由もなくテレビをつけてしまいます。

朝はテレビを見なくても大丈夫。損もしないし、仲間はずれにされることもありません。

朝は自分の夢・ビジョンに思いをはせる有意義な時間にしてください。

朝の静かな時間が、夢の実現への第一歩！

PART
5
うまくいく人の「朝」の習慣　まとめ

- [ ] 朝日とともに起きて窓を開ける　82ページ
- [ ] シャワーを浴びながら、夢を声に出す　84ページ
- [ ] 3分間、自分を見つめる時間をつくる　86ページ
- [ ] すぐに起き上がらずに手のひらを握る　88ページ
- [ ] 「行ってきます！」と宣言してから家を出る　90ページ
- [ ] 出かけるときに空を見上げる　92ページ
- [ ] 家族や観葉植物など、自分以外の命に触れる　94ページ
- [ ] テレビを消して、自分の夢に思いをはせる　95ページ

PART

6

うまくいく人の「朝日記」の習慣

昨日の自分と今日の自分の境目にいる朝こそ、
日記の効果が最大になります。
9マス日記で3分間。成長の記録をつけましょう。

01

夢をかなえる朝日記。毎日3分を習慣にする

「日記が続かない」「自分には無理！」という人でも、メモを書く感覚で書ける「朝日記」がオススメです

あるアンケートで、無作為に選んだ大企業の社長300名全員が「日記をつけている」と答えたそうです。**日記は自分のビジョンを明確にしてくれる力**がありますから、多くの社員にビジョンを語り、**夢を形にするために必須のアイテム**なのでしょう。

この日記の力を使って、毎朝書くのが「朝日記」。夢を実現する朝3分の習慣として、私が長年伝えている方法です。

時間をかけずにささっと3分でメモ。朝起きて顔を洗うのと同じ、当たり前のルーティンワークにしてしまいましょう。

朝日記のすごい効果

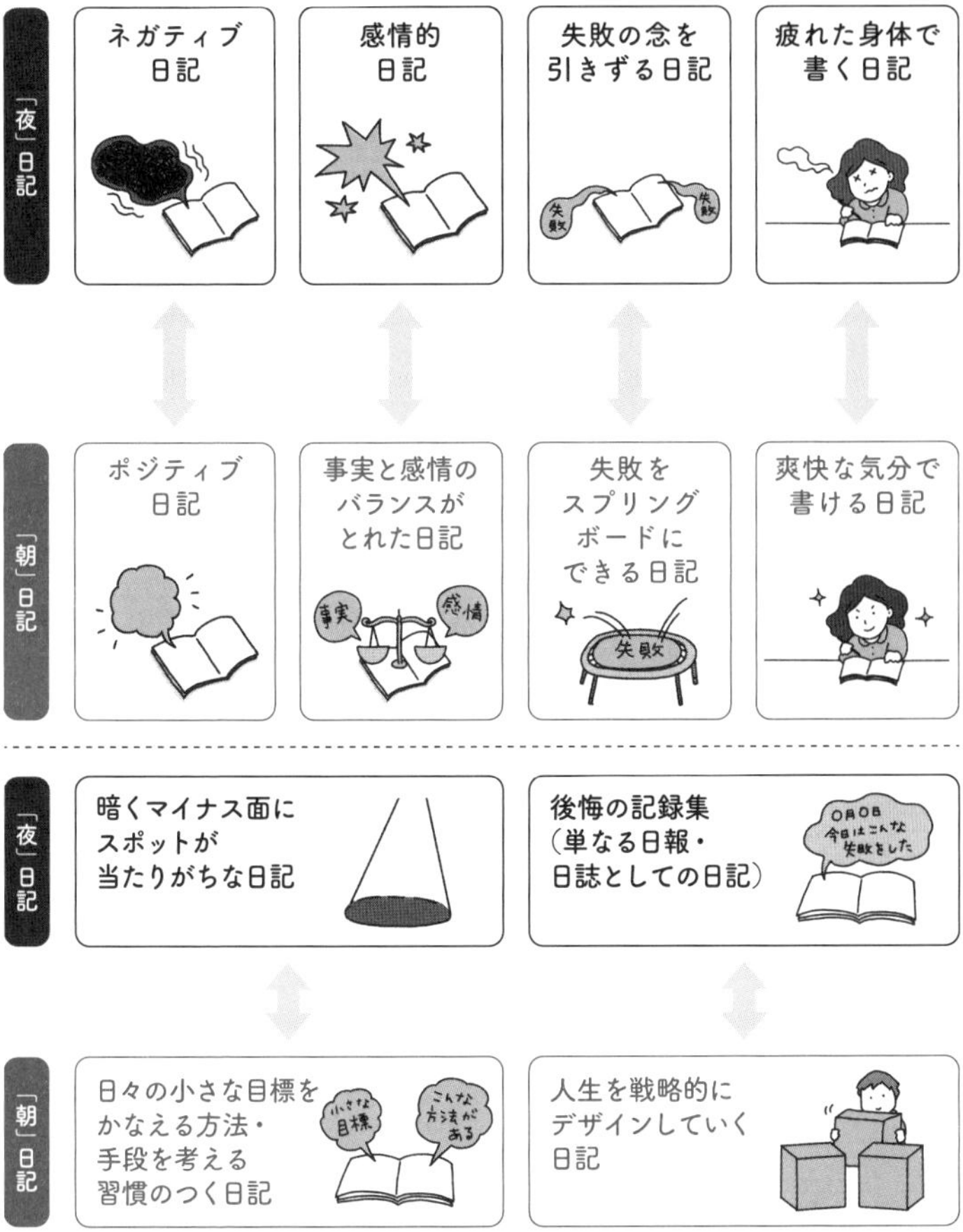
「夜」日記
ネガティブ日記
感情的日記
失敗の念を引きずる日記
失敗
疲れた身体で書く日記
「朝」日記
ポジティブ日記
事実と感情のバランスがとれた日記
事実
感情
失敗をスプリングボードにできる日記
失敗
爽快な気分で書ける日記
「夜」日記
暗くマイナス面にスポットが当たりがちな日記
後悔の記録集（単なる日報・日誌としての日記）
〇月〇日 今日はこんな失敗をした
「朝」日記
日々の小さな目標をかなえる方法・手段を考える習慣のつく日記
小さな目標
こんな方法がある
人生を戦略的にデザインしていく日記

朝日記は人生を成功させる航海図になる

02

朝は日記のベストタイミング

P99の図のように、夜の日記は反省と後悔ばかりになってしまいがち。朝の新鮮な気持ちでつける日記は、ポジティブな行動を引き起こしてくれます

通常、日記は夜つける人が多いのですが、**実は朝こそ日記を書く最適なタイミング**。

何かあった日の夜は、まだ気持ちがざわついています。そこで日記をつけると、どうしても反省やグチなどのマイナス感情のオンパレードになってしまいがち。これでは夜の寝つきも悪くなります。

しかし朝になれば睡眠で感情がリセットされますから、**前日に何かあったとしても、前向きに問題解決に向かうことができる**のです。

悩んでいるときこそ、朝早起きして、今の自分の状況や気持ちを日記に書いてみましょう。

朝のぼーっとした状態は、実はアイデアが出やすいタイミング。その時間にささっと書いたメモが、すごい解決策だった――朝日記を続けていると、必ずそんな体験をすることになります。

また朝日記は、去年の同じ日が同じページで読めるフォーマット。苦しいときに読み返してみると、1年前も同じようなことで悩んでいたということは、結構多いのです。

こうすると、自分の考え方のクセや失敗パターンも客観的に知ることができます。これも朝日記をつけた人だけが知ることができる秘密なのです。

朝日記をつけることで、考え方のクセや失敗パターンが客観的にわかる

03

メモ感覚で気軽に、マトリックスに書き出そう

人は空欄を見ると、「空白を埋めたい！」という心理が働きます。その心理を利用したのがマトリックス形式の朝日記です

朝日記は3×3の9マスのマトリックスからなります。中央のマスがその日の基本データ。残りの8マスのうち、「仕事」「食事と健康」「お金」の3マスは誰でも設定してほしいですが、残りの5つは自由に決めてください。

朝日記は2日分でワンセット。図のように**「昨日の日記」と「今日の日記」の両方に書いていきます。**昨日の日記には「昨日の出来事」「考えたこと」を気がついた項目だけメモします。今日の日記には、あらかじめ出来事を書きます。たとえば、誰かの誕生日なら「○○さんに花をプレゼントする」などと書くと、自然とその日に実行できるはずです。

「朝」日記の1日のフレームワーク

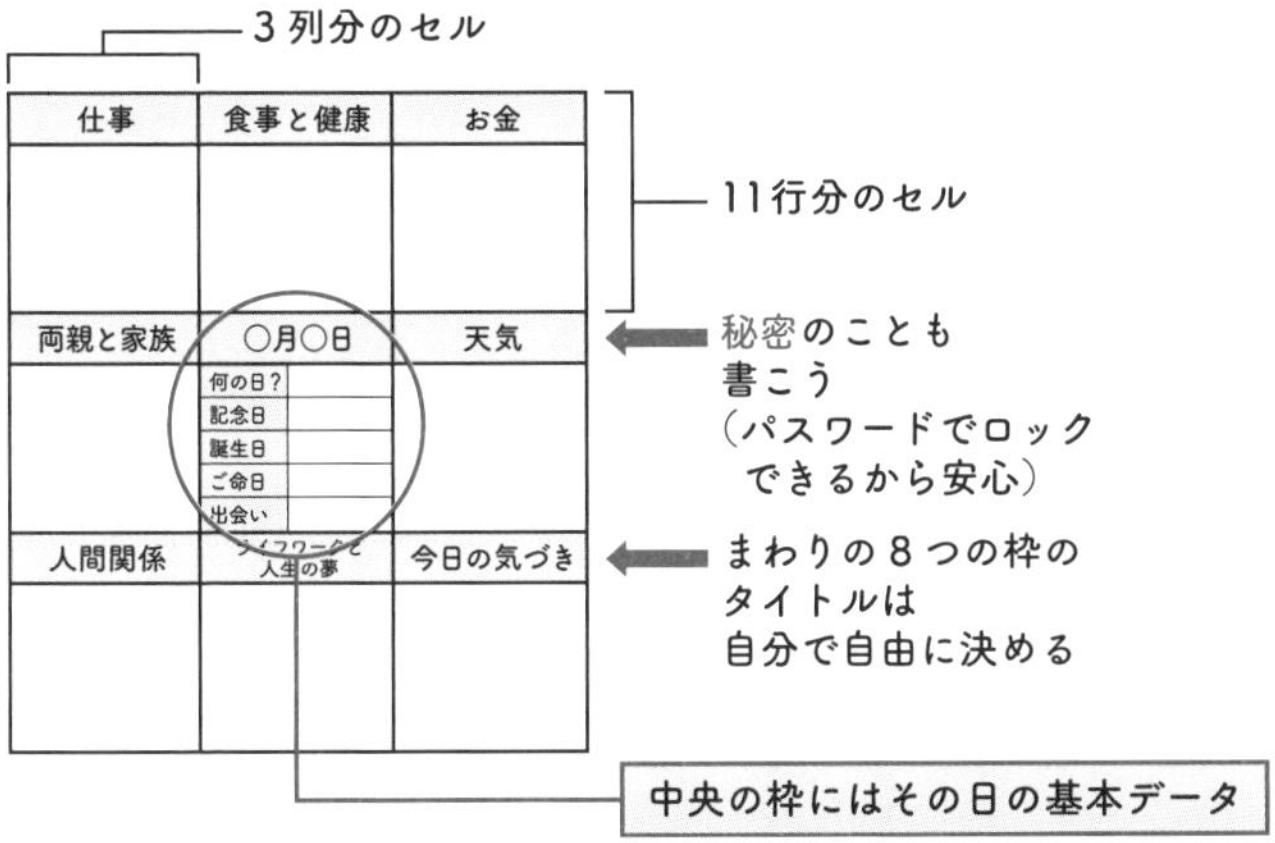
3列分のセル
仕事
食事と健康
お金
11行分のセル
両親と家族
○月○日
天気
何の日？
記念日
誕生日
ご命日
出会い
人間関係
ライフワークと人生の夢
今日の気づき
秘密のことも書こう（パスワードでロックできるから安心）
まわりの8つの枠のタイトルは自分で自由に決める
中央の枠にはその日の基本データ

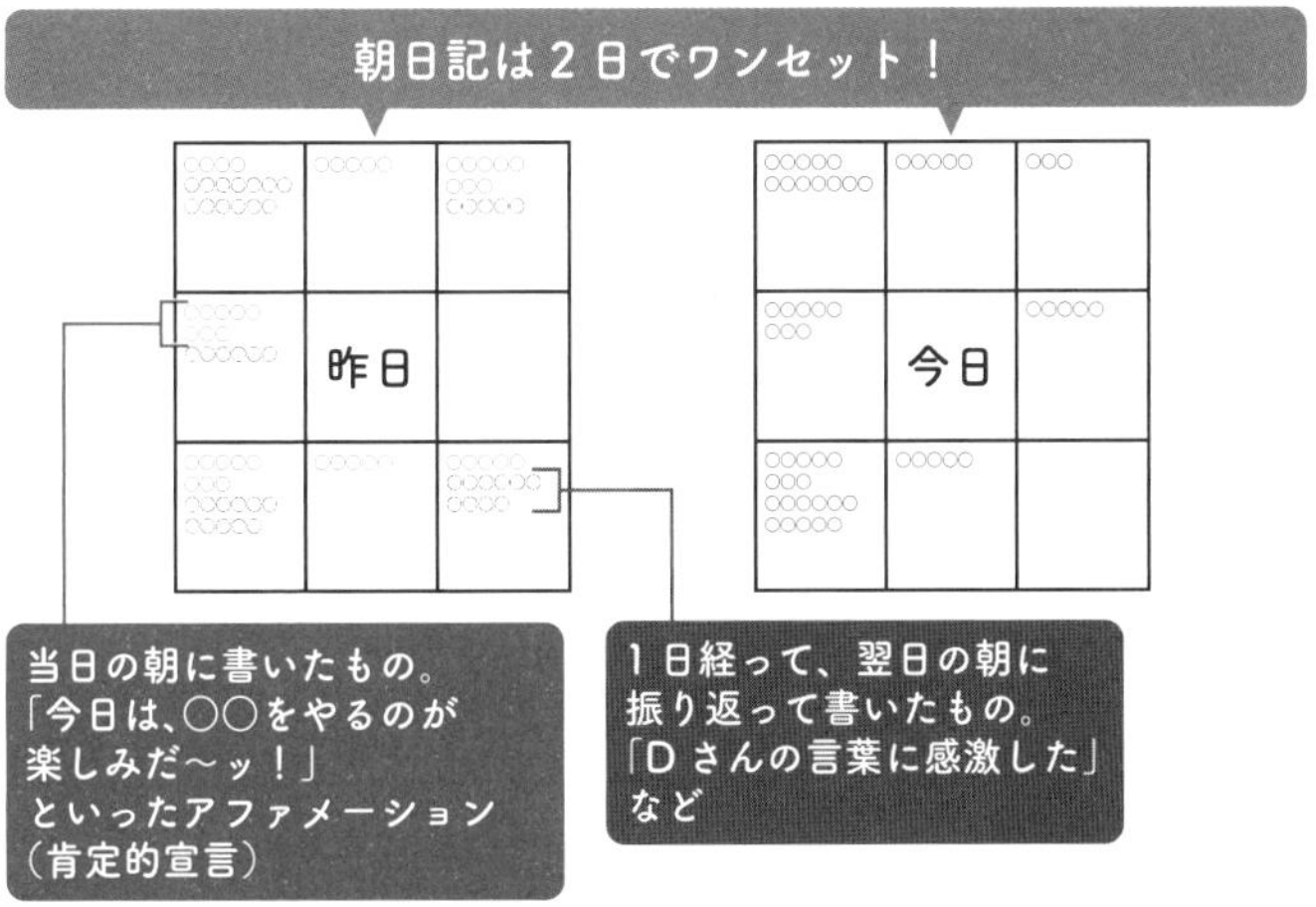
朝日記は2日でワンセット！
昨日
今日
当日の朝に書いたもの。「今日は、○○をやるのが楽しみだ～ッ！」といったアファメーション（肯定的宣言）
1日経って、翌日の朝に振り返って書いたもの。「Dさんの言葉に感激した」など

8つすべての枠を埋める必要はない。
続けるコツは、完璧を目指さないこと！

04

朝日記のオススメはエクセル

エクセルなら一生分の連用日記が簡単に作れます

市販のものを使ってもいいですが、オススメはエクセルで自作する方法です。

①縦11行分、横3列分のセルを線で囲み、1つの枠にする

②①と同じ大きさの枠を9マス作る

③真ん中の枠に基本データ、周囲の8マスにジャンルを書き入れる（P103を見本に）

これが1日分です。1日分のマトリックスをしっかり作ったら、あとはコピーするだけ。

朝日記は何年も続けると壮大なマンダラに成長します。図のように同じ日付のものを並べていくと、**去年の今日が自分にとってどんな日だったのかわかるようになります。**

エクセル式朝日記の作り方

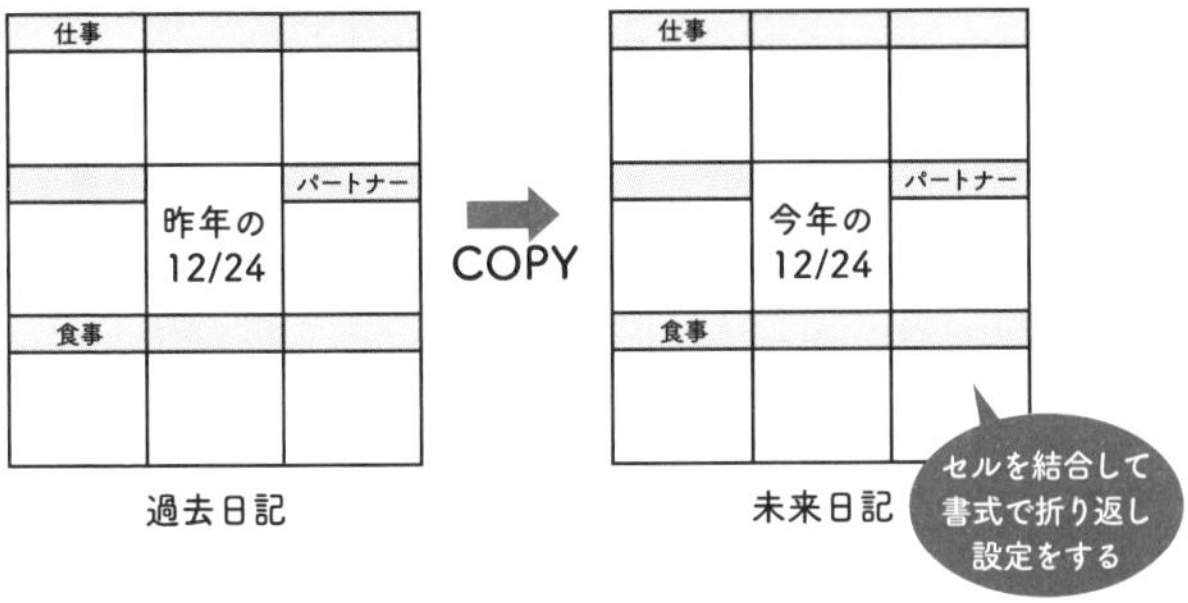

「朝」日記の全体像（壮大マンダラとなる）

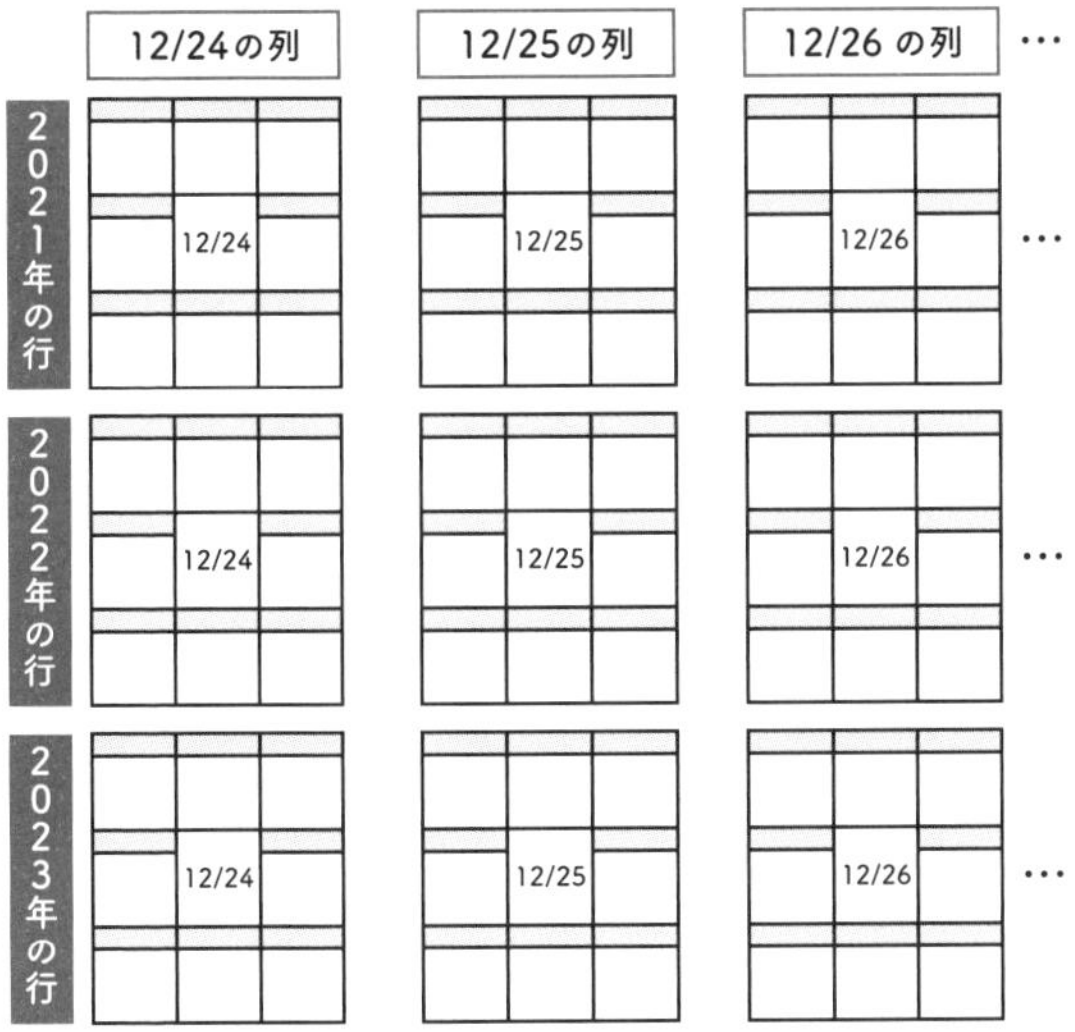

昨年の今日が、自分にとって
どんな日だったかわかるので便利

05

メール、写真、動画をコピー&ペーストする

エクセル式の朝日記のよい点は、**受け取ったメール、写真、動画などもコピー&ペーストしておける**ことです。誰かにもらったうれしいメールなどをペーストしておけば、**毎日が自分の記念日になります。**

私の場合、出版が決定したという編集者からのお知らせメール、著書の表紙画像なども取り込んで、記念日にしています。

朝日記がどんどん自分の人生のデータベース、生きた証となっていくのでオススメです。

見返すたびにうれしくなる日記に成長させせよう

06 書ける枠だけ書き込めば十分

エクセル式朝日記では、毎日すべての枠を埋める必要はありません。ただし、**最初は天気から書き始める**こと。天気なら頭を使わずに書けるので、ウォーミングアップになります。

次に、**昨日の出来事と感情を書き込みます。**書ける枠だけでOKです。

そして、「今日の日記」を書く。最後に昨年、一昨年の今日の日記をザッと眺めて過去に何があったかを確認した後、**今日の未来日記をつけます。**

最初は全部の工程で3分が目安です。時間が許せば、書く量を増やしてもよいでしょう。

空欄があってもいいので、3分を目安に毎日続けよう

PART

6

うまくいく人の「朝日記」の習慣　まとめ

□ 毎日３分、朝に日記をつける 98 ページ

□ 朝にアイデアや問題解決策を考える 100 ページ

□ 朝日記は９マスのマトリックスにする 102 ページ

□ 朝日記のフォーマットをエクセルで作る 104 ページ

□ もらったうれしいメールなどをコピペする 106 ページ

□ 朝日記は天気から書き始める 107 ページ

PART

7

うまくいく人の「夜」の習慣

充実した１日を過ごしたからこそ疲れる身体と心。
自分を癒やしてあげるのは自分です。
優しい夜の時間を自分のために、
たっぷり使いましょう。

01

意識して、昼の「他人時間」から夜の「自分時間」に切り替える

日中の「他人時間」から夜の「自分時間」に切り替えることで、心穏やかな眠りが手に入ります

「人間とは社会的動物」という言葉があるとおり、昼間の私たちは仕事をし、買い物に出かけ、子育てをしてと、「社会生活」をしています。つまり日中は、他人との関わりの中で「他人時間」を生きていると言ってもいいでしょう。

他人との関わりには、ある程度の緊張とストレスが伴うのは当然です。**昼間はめいっぱい「他人」と関わって、夜は「自分」を取り戻す**、そのバランスこそが大事なのです。

この「自分時間」を有意義に過ごすためには、早く帰りたくなる家にするのが一番です。そうすれば、なんとなくダラダラと寄り道するなどのムダな時間がなくなります。

充実した夜の「自分時間」を過ごすコツ

1 部屋を片づける

スッキリと床が見える状態を意識するのがコツ

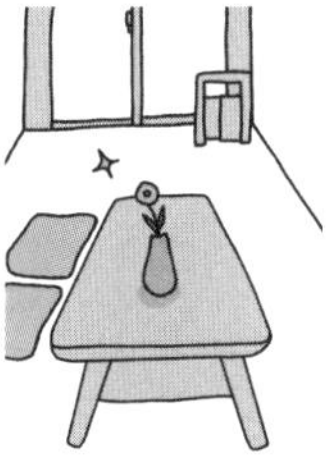

2 ほっとする定位置を作る

自分が主人公の映画のリラックスシーンを思い描いて作るといい

3 オレンジ色の明かりにする

副交感神経が働いてリラックス度がますます高まる

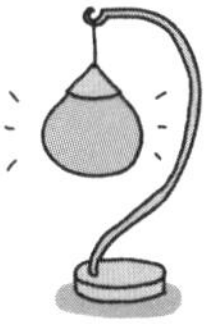

4 昼間の服をすべて着替える

日中身につけていたものを外すことで心身を解き放つ

5 夜8時以降は炭水化物を取らない

消化の悪い炭水化物を控えることで翌朝の「最高の目覚め」の準備をする

6 自分だけの机を持つ

「寝に帰る」だけでは残念。小さくてよいので知的活動のための空間を準備しよう

「自分時間」で日中の疲れを癒やし、快適な睡眠に自分を導こう

02

ヒーリング効果にこだわり、全力で自分自身を癒やす

1日の終わりにリラックスする時間を持てるからこそ、毎日がんばれます。でも、ほっと一息つく時間は自分で作らない限り手に入りません

「自分時間」を充実させるためには、ほっと一息つくことが絶対に必要です。思わず「あ〜、癒やされる〜」と口に出してしまう**ヒーリングタイムは、自分で意識して作っていかないと手に入りません。**たとえば、最近はシャワーだけですませる人が増えていますが、ぬるめの湯船に入るほうがヒーリング効果は高くなります。

オススメは電気をつけずに真っ暗にして、**キャンドルのライトだけで入浴する**こと。週に1回でもOK。こうした「演出」を、バカバカしく思ったり、はずかしがっていたら、人生の楽しみの半分を失ったようなものです。一度やってみると、人生変わります。

癒やし効果の高い夜の過ごし方

「背伸び」や「ぶら下がり」などで
背中のストレスをとる

半身浴でゆっくり温まる

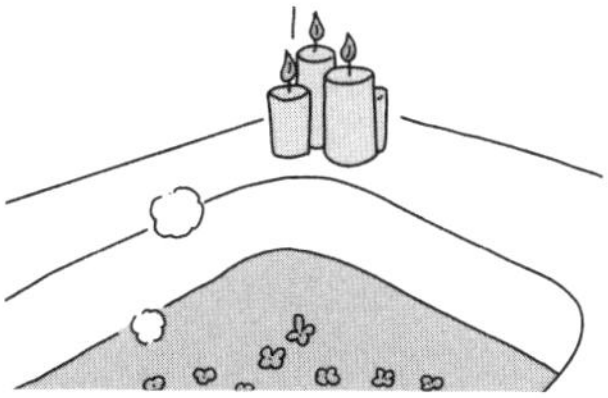

週末にはキャンドルライトで
入浴しながら瞑想する

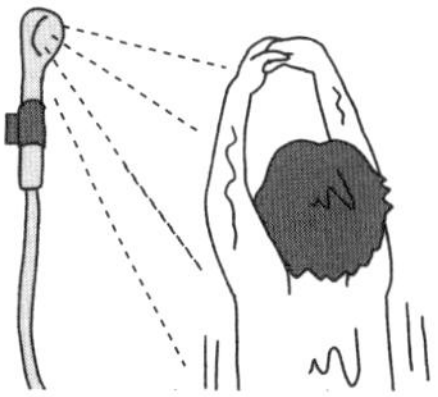

シャワーを浴びながら
ストレッチする

ラベンダーの香りをかぐ

美しい映像を見る

**演出家になったつもりで、
リラックス時間を計画しよう**

03

入眠儀式と安眠テクニックで、最高の眠りを得る

オリジナルの入眠儀式で、眠れない悩みを解消！
安眠テクニックでぐっすり眠りましょう

日本人の睡眠時間は先進諸国の平均より約1時間も短く、これが生産性の低さや病気の原因につながってしまいます。実際**「ちゃんと眠る」ことは本当に大事**です。そのための習慣が入眠儀式。「眠る前に必ずこれをする」ということを決めて毎日実行することです。

入眠儀式を続けていると、**「これをすれば眠くなる」**という回路が作られていきます。「儀式」というとなんだか大げさに聞こえますが、ちょっとしたことでいいのです。

睡眠環境を整えるコツは、**五感（視覚、聴覚、嗅覚、味覚、触覚）のそれぞれで安眠対策をとる**こと。寝室の環境は一歩一歩、少しずつ楽しみながら改善してみましょう。

入眠儀式と睡眠環境

入眠儀式を行う

観葉植物の葉に触り、
瞑想する

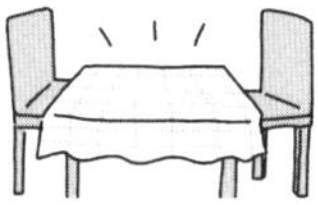

机の上を
片づける

夢を実現している
イメージ写真を見る

今日会った人全員に
感謝する

自分自身に
「おやすみ」を言う

身体の調子の悪い部分に
感謝を伝える

↓

睡眠環境を整える

加湿器・除湿器を利用する
（湿度は50%に）

肌触りのよい寝具を
使う

廊下にフットライトを
つける

寝室の四隅に
塩と炭を置く

ヒーリングミュージックを
流す

小さな光もすべて
シャットアウトする

**よい睡眠にこだわれば
「いい明日」がやってくる**

04

次の日になる前に就寝する

最高の目覚めを迎えるためには、前日の就寝時間が重要です

朝の目覚めがつらいと、気持ちのいい1日を始められなくなります。
逆に、最高の目覚めで始まる1日は、最高の1日と呼べるでしょう。

最高の目覚めとは、お腹が減って自然と起きてしまうこと。それを実現するためには、寝る直前に食事をしないことが大切です。

深夜に食事をしてしまうと、胃腸に血液が集中してしまい、脳にいくべき血液が足りずに酸欠状態になってしまいます。

食事の時間が遅くなる原因は、だらだらと夜更かしをしてしまうことです。「次の日になる前に寝る」ことを意識すれば、深夜の食事を避けることができます。

22時から24時は「睡眠のゴールデンタイム」とも呼ばれています。細胞がよく修復し、疲労回復のホルモンがたくさん分泌されるからです。

22時に就寝して5時に起きるのと、2時に寝て8時に起きるのでは、睡眠の質がまったく異なるのです。

そのため22時に寝るのが理想ですが、仕事などで忙しい場合でも23時59分までにはベッドに入ることで、次の日の目覚めがビックリするほどよくなることでしょう。

合い言葉は、「今日寝て、明日起きる」です。

遅くとも23時59分までにはベッドに入ろう

05

眠る前に楽しいイメージを思い浮かべる

眠る直前のネガティブなイメージは、潜在意識に記憶されてしまうので、極力避けるようにしましょう

最高の1日を過ごそうとも、最悪の1日を過ごそうとも、1日の最後にはベッドに入り眠りにつきます。

眠る直前のウトウト状態のときにイメージしたことは、潜在意識に記憶されます。

最高の1日を思い出してポジティブな気分で眠るのはよいことですが、最悪な1日だったとネガティブな出来事や感情を思い返すと、悪いイメージがそのまま潜在意識に記録されてしまいます。

1日だけなら大きな影響はないかもしれませんが、日数が積み上がると人生が悪い方向に舵を切っていきます。

ネガティブなイメージを蓄積しないために、**眠る前のひとときは楽しいイメージを思い浮かべるようにしましょう。**

「うふふ」と微笑むくらいでも全然問題ありません。

最初のうちは、つらい1日の後に楽しいイメージを想像するのは難しいかもしれません。しかし、慣れてくると眠りに入ることが楽しみになってくるはずです。

そして、そのイメージは翌日以降どんどん現実となって、あなたを驚かせてくれるはずです。

眠る前の楽しいイメージは、翌日以降にどんどん現実となっていく

06

次の日、目覚めるのが当たり前だと思わない

本来、次の日も生きている保証などないもの。
また新しい生をいただけたという発想を持ちましょう

感謝の反対語をご存知でしょうか。非感謝や不感謝という言葉はありません。

感謝の反対語は「当たり前」です。

あなたは夜に眠った後、朝目覚めるのが「当たり前」だと思っていないでしょうか。

眠った後に、次の日生きている保証など、本来どこにもありません。

朝目が覚めて、また活動できることに感謝しなければいけません。

若い頃はそんなことを考えることはないかもしれませんが、35歳を過ぎてからはこの感

謝を意識しないと、大きなツケが回ってくるでしょう。

朝、目が覚めたときに感謝するためのポイントは、

「寝ているのは死んでいるのと同じこと」

という発想を持つことです。

寝ている間、正確に言えば意識が消滅するわけではありませんが、昼間と違って意識はありません。

ダラダラと漫然と生きるのではなく、夜がくるたびに一度死んで、次の日に新たな生をいただいて目覚めるという感謝の気持ちを持つと、充実した毎日を送れます。

充実した毎日が、充実した人生を運んでくるのです。

夜がくるたびに一度死んだと思うことで、生きていることに感謝して毎日を送れる

07

ベッドサイドにメモ帳を置いておく

ベッドに入って考えごとをしているうちに、「明日あれをやらなきゃ」と気がかりなことが出てきたり、思わず「おお！」と言いたくなるようなグッドアイデアが出てくることは誰でも経験があるでしょう。こうなると、あれこれ考え出して眠れなくなってしまいがち。

そこで活躍するのがメモ帳です。枕元にいつも置いておいて、**気がかりもアイデアもサッと書いてメモ帳に預けてしまう**のです。

「メモした」と思えば、もう安心して眠れます。**枕元のメモ帳は頼れる精神安定剤（トランキライザー）**でもあるのです。

眠りにつくのは頭を空っぽにしてから！

08

持ち物リストで翌日の準備をする

基本の持ち物チェックリストを作っておくと便利です。翌日に特別必要なものは、手帳に書き込んでうっかりを防ぎます。

重要なのは、それを夜のうちにチェックすること。「朝、持ち物を確認しなければ」と思いながら寝ることが小さなストレスとなって、安眠を妨げてしまうのです。

確認したら、**「よし、これで大丈夫だ」「バッチリ!」などとあえて声に出す**と安心できて、ゆっくり眠ることができるはずです。

前日のうちに持ち物をそろえれば、小さなストレスをなくせる

PART

7

うまくいく人の「夜」の習慣　まとめ

PART

8

うまくいく人の「思考」の習慣

どう捉えるか。どう考えるか。
思考はあなたの行動に影響を与えます。
人生を楽しみつくす思考を手に入れましょう。

01

人生はゆかいな実験場。すべてをとことん楽しむ

実験とは、失敗もトラブルも、大切なプロセスと考えて楽しむもの。人生も壮大な実験。なんでも試してみればいいのです

鎌倉時代のお坊さん、一遍上人《いっぺんしょうにん》をご存知でしょうか。楽しく踊りながら念仏を唱える踊念仏という方法で教えを広めたことでも有名です。一遍上人は、人生は「修行」ではなく「遊行《ゆぎょう》」だと説いたことから、別名を遊行上人とも呼ばれました。

「人生はつらく厳しい修行の旅だ」と考えると、実際そのとおりになります。つらく苦しい体験に歯を食いしばって耐えながら、一歩一歩前に進む——そんな人生になるのです。

しかし「人生は遊びだ」と考えたらどうでしょうか。**どんな出来事も、どんな出会いも「お〜、なるほど。今度はそうきたか」**と受け止めるのです。

一遍上人の遊行

言い換えれば、映画の主人公になったようなもの。**人生の出来事すべてを見て、感じて、味わいつくして「遊ぶ」**のです。

人生が終わるとき、ほとんどの人は「あれをやればよかった」と後悔します。「あれをやらなければよかった」と悔やむ人は少ないのです。

人生を後悔で終えないためにも、**「この世界はラボ（＝実験場）だ」**と思ってください。

何も実験しないなんて、もったいない！　何でも試してみればいいんです。

何も実験しない人生はもったいない！楽しいことをしよう

02

「楽しさ」が基準でいい

正しさはあいまいで、変化しやすいもの。
「正しさ」に振り回されず、「楽しさ」を基準にしましょう

これから何をしようか？　そう考えるとき、あなたはどう考えているでしょうか。

「～すべき・～ねばならない」と考えているなら、あなたは「正しさ」を基準にしています。

正しさは危うく、表層的で、変化しやすいもの。そんなあいまいなものに振り回されると、イライラするばかりになります。

「正しい自分」から「楽しい自分」に、人生観をシフトしていきましょう。

「～したい・～してあげたい・～させていただく」と楽しさを基準に選択すると、人生は180度変わります。楽しさの先に幸せと成功（ハッピーサクセス）が待っているのです。

正しさより楽しさを

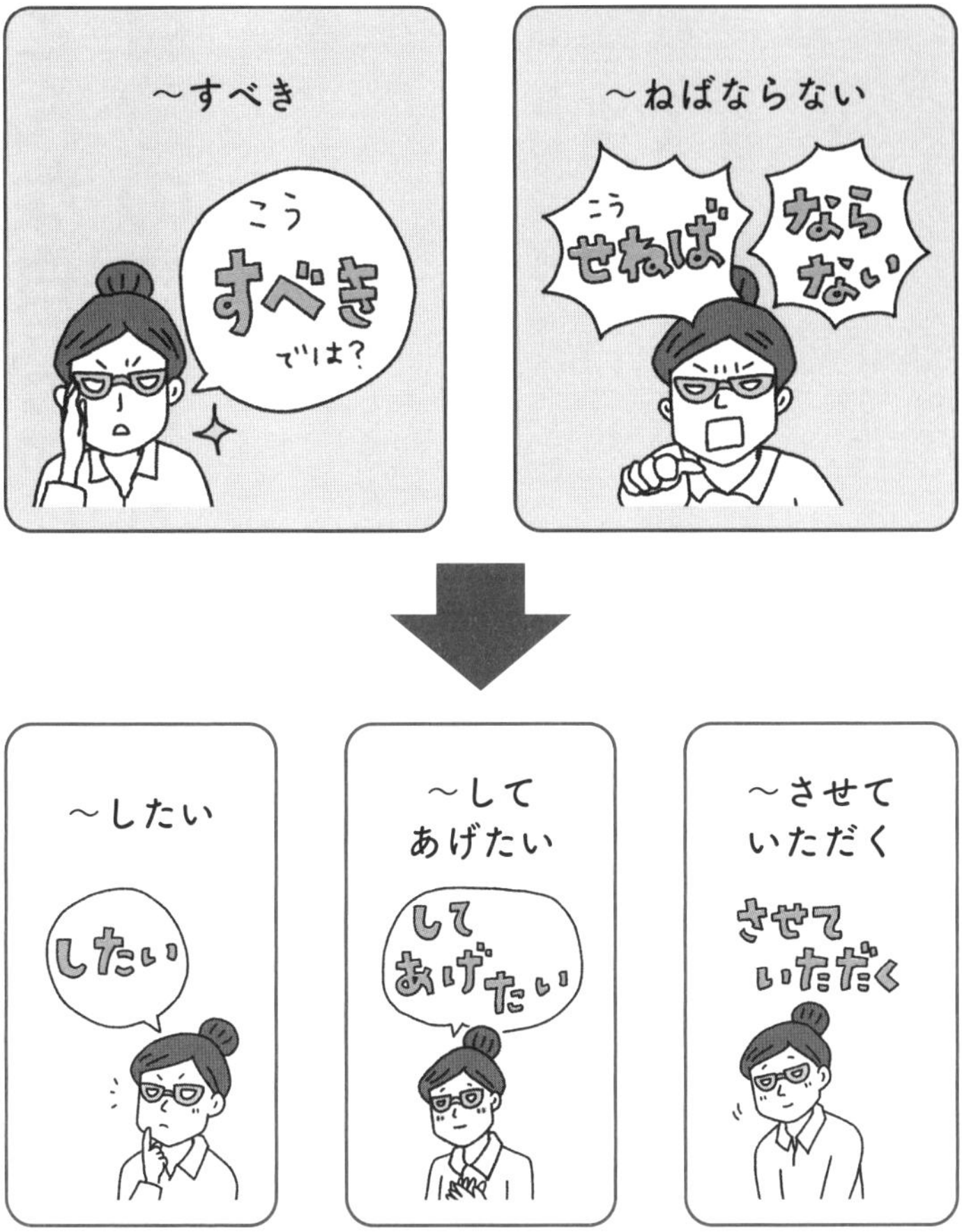

**正しさを優先すると、やりたいことが
できない人生になってしまう！**

03

どんな自分でいたいのか？自分の「あり方」を起点にする

たいていの人は「自分はどうありたいか」を考えることはありません。
でも「あり方」がはっきりすると、「やるべきこと」もくっきり見えてきます

私が講演会でよくやる大人気ワークをご紹介します。あなたもやってみてください。

①9マスの中心に「ほしいもの」と書いて、周囲の8マスに書き出します。

②同じ要領で「やりたいこと」を書き出します。

③同じ要領で「どんな自分でありたいか？」を書きます。ほとんどの人が③で苦戦します。

「ほしいもの（Have）」や「やりたいこと（Do）」は考えているのに、「自分のあり方（Be）」は考えていない――でも実は、**一番大切なのがBe**なのです。Beがはっきりするというのは、ビジョンが明確だということ。やるべきことが見え、DoもHaveもよりはっきりしてきます。

まず「Be」から考えよう

〈1回目〉

別荘	指輪	自分の会社
スポーツカー	Have	タワーマンション
ブランドバッグ	ドレス	高級腕時計

↓

世界一周	起業	ドライブ
スカイダイビング	Do	パーティー
不動産投資	マンションの最上階に住む	テレビに出演する

↓

モテる	金持ちになる	人からうらやましがられる
	Be	

Haveから考えるとBeが思い浮かばない

〈2回目〉

素直になる	家族を愛せる	ワクワクする
将来を見据えている	Be	健康に生きる
自分を表現する	自信を持つ	感謝できる

↓

嫌な飲み会を断る	家族旅行に行く	新しい趣味を始める
安定した仕事に就いている	Do	健康診断に行く
ブログを始める	堂々と歩く	友達にありがとうと伝える

↓

一軒家	ファミリーカー	ボードゲーム
勤める会社	Have	健康診断書
パソコン	歩きやすい靴	メッセージカード

Beから考えると本当にほしいものがわかる

「Be（あり方）」→「Do（やり方）」→「Have（持ち方）」の順に考えよう

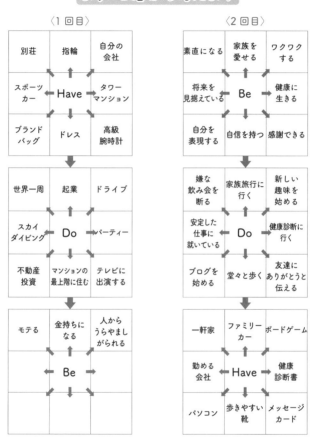

04

「時間がない！」という口癖をやめる

「時間がない！」が口癖になっていると、本当に時間がなくなってしまいます

ついつい「時間がない！」というセリフが口癖になっていないでしょうか。
しかし、この言葉を発してしまうと、本当に仕事中に時間が不足してしまい、イライラまでも生み出してしまいます。

この状態を解決するには2つの方法があります。

1つめは、「時間はある！」と宣言すること。

口だけでどうにかできれば苦労はしないと思うかもしれませんが、この言葉によって自

分自身が勇気づけられるため、その後の対応が変わります。
あわてずに冷静に対処できるので、1つひとつの作業を着実にこなしていけるのです。

2つめは、段取りに時間をかけること。

「タイムマネジメント」という言葉がありますが、時間は管理できません。**管理できるのは、時間ではなく仕事なのです。**

仕事の段取りに時間をかけて、しっかりと準備をして管理することで、仕事の時間や量が調整できます。

それが結果的に、新しい時間を生み出すことにつながるのです。

時間ではなく、仕事を管理しよう

05

緊急ではないけれど、重要なことに時間を使う

忙しい人ほど、行動を決める基準が「緊急度」になりがち。こうした場合の問題点は、「緊急ではないけれど重要なこと」が見落とされてしまうことです。

しかし、それらこそが幸せと成功に役立つこと。

プライオリティ・マトリックスで整理して**「重要度でやること、やらないことを決める」という視点を取り戻す**と、人生のステージが間違いなく変わります。

価値あることに時間を使おう

	緊急なこと	緊急でないこと
重要なこと	クレーム電話 トラブル解消	筋トレ、 勉強、 人間関係 づくり
重要でないこと	飲み会の準備、 雑事	人の悪口、 長電話

06

直感を大切に。「迷ったらやめる」でいい

ビビッと感じたら、まず行動ですが、問題は迷ったとき。
「いい儲け話があるんだけど」「紹介したい人がいるんだけど」チャンスかもしれないし、落とし穴かもしれません。こんな場合の方針は、「迷ったらやめる」。これはなかなか難しいことです。人は迷ったら、強行する。そして失敗するのです。

迷ったら、決断しない。寝かしておいて、明日考え直す。

こう考えると、これまで悩んでいたことがなんだかバカバカしくなるくらい、人生はシンプルになります。

ビビッときたか、モヤモヤしたか。その直感を大切にしよう

07

夢をビジョンにする

夢を考えるのは楽しいものです。それは自分のためだから。ところが人間は不思議なもので、**自分のためだけに何かをしても、心底幸福だと思ったり、感動することは難しい**のです。

「カフェのオーナーになる」というのは個人の夢。でもそれが「地域の人が交流し勇気づけ合う集いの場所にしたい」となると、これはビジョン（志）です。

個人の夢を人生のゴールにしないことが大事です。**自分のためにスタートして、他者のためにゴールする**――こうすることで、自分も他者も幸せに成功できるのです。

夢を「他人のため」に昇華できると「ビジョン」になる

ビジョン
他者のため
昇華
夢
自分のため
地域に貢献したい。
いつか自分の店を…

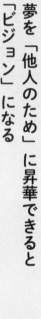

08

人生曲線を描いてみる

子どもの頃のいじめ、青年期の失恋、裏切り——こうしたつらい出来事が忘れられないなら、「人生曲線」を描いてみてください。横軸を時間に、縦軸を満足度にします。

すると、幸せなときより**「最悪だった」と思っていた谷の部分が人生のターニングポイント**になっていることが見えてきます。つらい出来事の真っ最中は怒りや悲しみでいっぱいですが、人生曲線という大きな視座で見返してみると、ポジティブな意味を持った転換点に変わります。

どんな出来事にも必ず意味があると考えよう

人生曲線

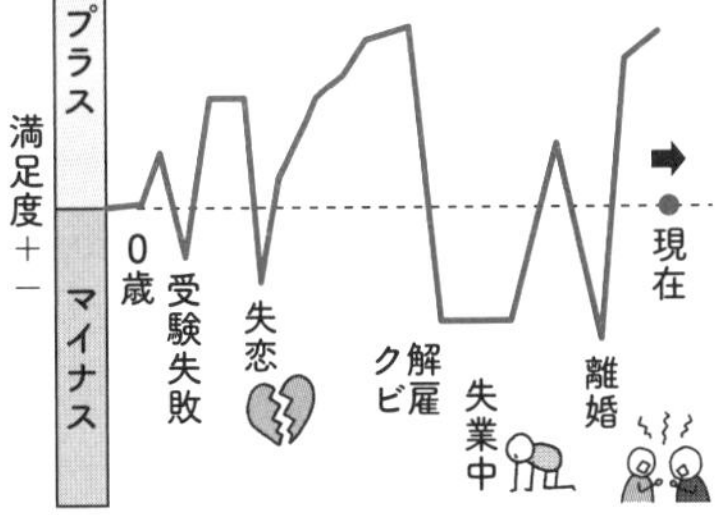
プラス
マイナス
満足度＋－
0歳
受験失敗
失恋
解雇クビ
失業中
離婚
現在

09

自宅の玄関3メートル手前からスキップする

1日の仕事を終えて帰宅するとき、私たちはたいてい疲れた状態です。ドヨーンとした疲れを自宅に持ち込んでしまうと、リフレッシュするはずの部屋が、疲れを蓄積する場になってしまいます。

そこで、**気分の切り替えが大事**です。玄関の手前3メートルからスキップすると、自然と心も弾みます。身体と心はつながっているからです。一人暮らしでも「ただいま！」と明るく言いましょう。あなたの部屋が癒やしの空間に変わります。

ごきげんな行動で、気分もごきげんに！

10

引っ越しして運気を変える

ひどく落ち込んでしまって、立ち直れない――そんな時期は誰の人生にもあるものです。どうにもならないときは、思い切ってその場から逃げ出してしまってもいいのです。

人生の流れを変えるなら、場所を変えるという戦略は有効。その方法が引っ越しです。引っ越しすると、部屋はもちろんのこと、スーパーや図書館など、行く場所も変わりますから、気分がガラッと変わります。

引っ越しは、有効な心のリセット戦略なのです。

立ち直れないほど落ち込んだら、場所を変えるのも1つの方法

PART

8

うまくいく人の「思考」の習慣　まとめ

PART

9

うまくいく人の「仕事」の習慣

１日のうちで最も時間を費やす仕事は、
ストレスを抱え込みやすい存在かもしれません。
しかし、自分を磨き、次のステージに
引き上げてくれる存在でもあります。
仕事から、成功に導く「志事」にステップアップ
させて、サクセスを手に入れましょう。

01
「しごと」を「志事」にする

1日のうち、大半を占めるのは仕事の時間。仕事の時間の過ごし方こそが、人生を左右するのです

私たちは1日の大半の時間を仕事に使っています。ですから、仕事で幸せに成功するのが、人生で幸せと成功を手にするための近道でもあるのです。

「しごと」には、実は3種類あります。

- **私事**……自分が好きなこと、楽しみとしてやりたいこと
- **仕事**……人のためにやっていて、報酬が発生するもの
- **志事**……自分のやりたいことを、人のためにやること

「仕事」で報酬をもらえるのは、人の役に立っているからです。ただし、それが嫌なこと

3つの「しごと」

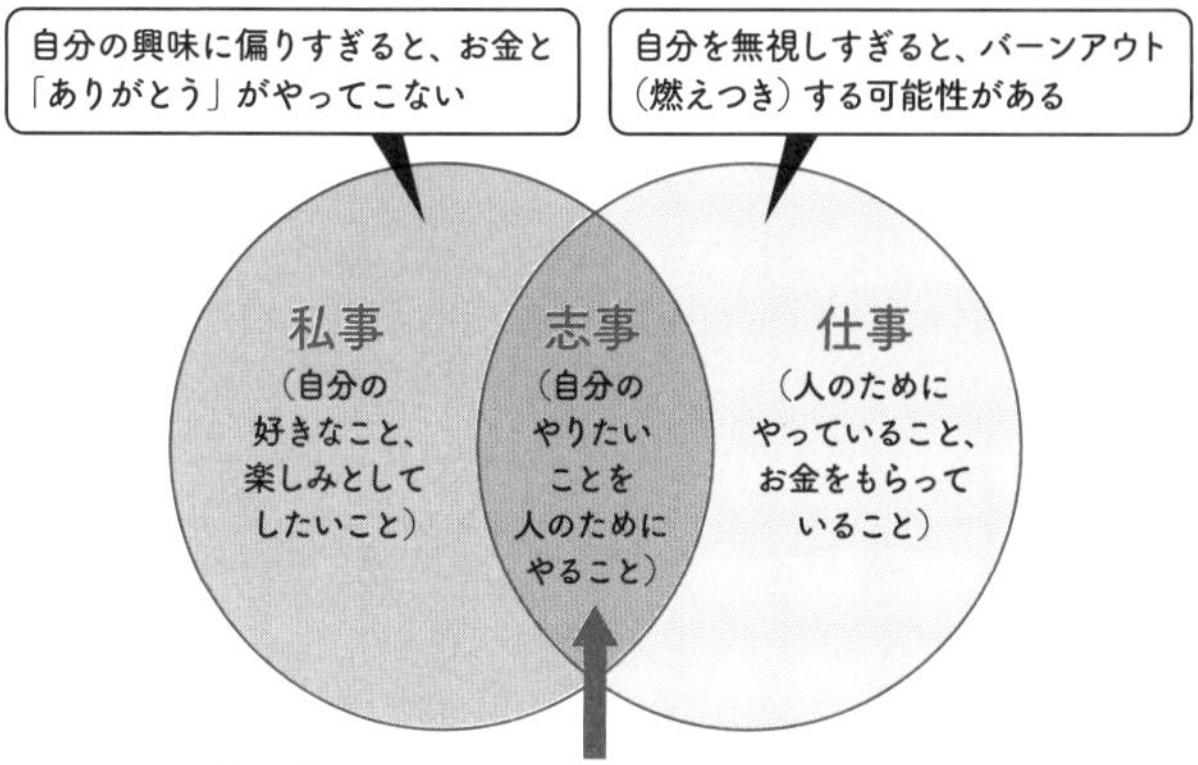
自分の興味に偏りすぎると、お金と「ありがとう」がやってこない
自分を無視しすぎると、バーンアウト（燃えつき）する可能性がある
私事
（自分の好きなこと、楽しみとしてしたいこと）
志事
（自分のやりたいことを人のためにやること）
仕事
（人のためにやっていること、お金をもらっていること）
「志事」の領域を増やすことが大切！

ならストレスを抱えて、続きません。

人の役に立たないものは報酬が発生しませんから「私事」です。**「私事」は楽しいのですが、ずっとそれだけでは飽きてしまいます。人は、誰かの役に立つことで生きがいややりがいを感じるものだからです。**

つまり、「私事」や「仕事」だけではむなしくなったり、疲れたりと行き詰まってしまうわけです。

3つの「しごと」のバランスをとることが大切なのです。

自分が楽しいと思うことを、人の役に立てよう

02

根拠のない自信を持つ

「私事」と「仕事」が重なった「志事」を増やすには、まず自信を持つことが大切です

「しごと」の理想は、私事と仕事が重なった「志事」。**自分のやりたいことを、人のためにやること**です。

「しごと」のすべてを志事にすることは不可能です。私事も仕事もしながら、そのなかで少しずつ「志事」を増やしていくことが大切です。

自分のやりたい「しごと」が、誰かを笑顔にする。

最初は「自分のため」にスタートしても、「誰かのため」にゴールすることが幸せな成功（ハッピーサクセス）を引き寄せる秘訣なのです。

潜在意識に自信をインプットしよう

志事を増やせる人というのは、そうでない人といったい何が違うのでしょうか。

答えは「自分はできる！」というセルフイメージを持っていること。その自信に根拠は必要ありません。ただ「できる」と思えればいいのです。

もし、いまひとつ自信を持てないなら**「私は○○しつつある」と声に出してみましょう。**

たとえ空想でも、潜在意識は現実だと認識し、やがて現実を引き寄せる――それが人間の脳のメカニズムなのです。

「私はできる」「○○しつつある」と声に出してみよう

03

他人との違いを気に病まない

人に個性があるのは、それぞれ脳のタイプが違うからです。
他人との違いにいちいち悩む必要はありません

仕事をしていると、他人の性格を非難したくなるシーンがありませんか？　実は、これらは性格の問題ではなく、**脳のタイプの違いによるすれ違い**です。

ここで、脳のタイプを診断してみましょう。心理学博士の坂野登氏によれば、指の組み方はインプットのタイプ、腕の組み方はアウトプットのタイプを表すそうです。**左側が上なら「感覚型の右脳」、右側が上なら「理論型の左脳」が優位**です。

この組み合わせだけで4つものタイプがあるのですから、いかに人間はそれぞれ違う脳を持っているかがわかるでしょう。きっと意見の違いも受け入れやすくなるはずです。

あなたの脳タイプは？

インプット　アウトプット

脳タイプ	指組み	腕組み	特徴
感覚・感覚タイプ	 左指が上 右脳（感覚）	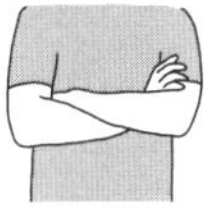 左腕が上 右脳（感覚）	楽天的・素直 マイペース 自分が好き おっちょこちょい ルーズ 整理整頓が苦手 天才タイプ 芸術家タイプ
感覚・理論タイプ	 左指が上 右脳（感覚）	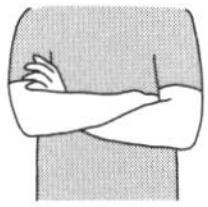 右腕が上 左脳（理論）	個性豊か 負けず嫌い オタク こだわりが強い トクする出世タイプ
理論・感覚タイプ	 右指が上 左脳（理論）	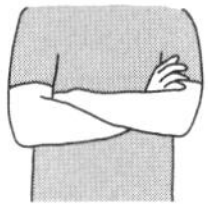 左腕が上 右脳（感覚）	おしゃべり 社交的 おちゃめ 世話好き おおらか 話がうまい
理論・理論タイプ	 右指が上 左脳（理論）	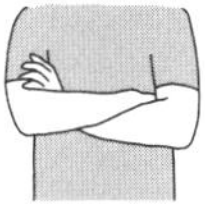 右腕が上 左脳（理論）	まじめ・几帳面 冷静 完璧主義 努力家 計画性はあるが、 アドリブがきかない 賢く頼れるタイプ 学者・官僚タイプ

脳タイプが違う人との差に
イライラするのは時間のムダ

04

職場で「チーム〇〇」を宣言する

チームといえば、スポーツのことだと思っていませんか？
職場で一緒に働く人とチームを組んでもいいんです

近頃、「侍ジャパン」などスポーツの日本代表チームに独自のチーム名が増えています。このような**独自のチーム名は結束力を高め、一体感を増す**のに大きな効果を発揮します。

うまくいく人には、必ず周りに協力者・応援者がいます。このような人間関係を築くには、まず自分から相手に一体感を感じていることを伝えること。

具体的には、「私はチーム〇〇の一員です」「チーム〇〇としてがんばりましょう」など、**相手の名前を冠したチームを宣言**するのです。人間は一体感を感じたとき、力が湧きます。チームの一員であるよろこびが、いい仕事につながることは間違いありません。

チームを作って結束力・一体感を盛り上げる

相手が主役のチームを作る

いざというとき

相手が協力者・応援者になってくれる

相手と結束力を高め、
一体感を醸成しよう

05

報告・連絡は午前中にする

報告・連絡・相談のうち、報告・連絡は午前中に行い、相談は午後に行うようにしましょう

仕事においては、よく「報告・連絡・相談（ホウレンソウ）」が大事だと言われていますが、**報告・連絡は午前中、相談は午後に行いましょう。**

報告・連絡はなるべく早いほうがいいですし、朝に連絡すれば午後にその件で打ち合わせることも可能です。

報告しにくいことでも、気分のいい朝であれば言いやすいかもしれません。

こういった報告・連絡には、メールやチャットなどのデジタルなコミュニケーションが

適しています。記録を残したほうがいいからです。

たとえば、「○月○日△時が期限です」といった内容のメールがあれば、期限の認識のすれ違いなどで揉めることもありません。

一方で、**相談は比較的余裕のある午後に直接会って、お互いにアイコンタクトなどをとりながら話すのがオススメです**（オンラインの場合は、カメラONで！）。

対面のほうが、メールでは伝わらない微妙なニュアンスも伝えることができます。

会議室で話してもいいですし、お茶でも飲みながら伝えてもいいかもしれません。

午前中と午後とでは、やるべき仕事が異なるということを知っておきましょう。

報告・連絡は記録が残るように、メールやチャットを使おう

06

メールの前に、スケジュールをチェックする

朝はメールチェックをする前に、その日の段取りを確認しましょう

仕事を始めるときに、まずパソコンを立ち上げてメールのチェックから始める人は多いのではないでしょうか。

しかし、いきなりメールチェックなどの実務を始めるのはおすすめしません。メールの返信や調べ物などをしているうちに、あっという間に時間が経ってしまうからです。

朝は落ち着いた時間であることが多いので、**まずはスケジュール手帳を開き、その日の段取りを確認しましょう。**

ここで大事なのは、1日の「予定」ではなく「段取り」を確認することです。

たとえば、「○時に打ち合わせ」「□時から△さんと食事」などは予定です。

それに対して、「○時の会議の30分前までに資料の準備を終わらせる」「□時にレストランに着くために、××の業務は1時間前までに済ませる」など、1日のアクションを具体的に想定しておくのが段取りです。

予定に合わせて、自分の具体的な行動を想定していきます。

段取りさえしておけば、あとは本番を楽しむだけ。

朝の段取りが、その日の仕事の質を大きく左右します。

始業前に段取りを済ませておくと、仕事の質が大きく上がる

07

3分以内でできることは、その場ですぐやる

仕事を「To Doリスト」で管理している人は多いでしょう。しかし、「やればすぐに片づくけれど、優先順位が低い仕事」が、積み重なってしまうことがあります。**簡単な仕事でも「あれもやらなきゃ……」という気がかりはストレスになります。**積み重なって焦ると能力も発揮できません。

オススメは、3分以内でできるなら、その場ですぐやること。「1つ片づいた！」という達成感が、次の仕事に向かうエネルギーに変わります。

小さな仕事は「すぐやる！」で、ストレスがエネルギーに変わる

08

仕事道具はいいものにこだわる

最高の仕事をするためには、自己演出も大事。あなたにふさわしい、最高の道具をそろえましょう。**仕事道具には徹底的にこだわって、ぜいたくをしていい**のです。

すぐに実行できるのは、文房具類。特におすすめするのは、万年筆を買うことです。パソコンの時代だからこそ、手書きのメモには価値があります。それにアイデアも手書きのほうが出やすいのです。

いい道具にふさわしい仕事をする自分――そのイメージがあなたを、本当のいい仕事に導いてくれるでしょう。

何事も成果を出すには投資が大切

PART

9

うまくいく人の「仕事」の習慣　まとめ

PART

10

うまくいく人の「勉強」の習慣

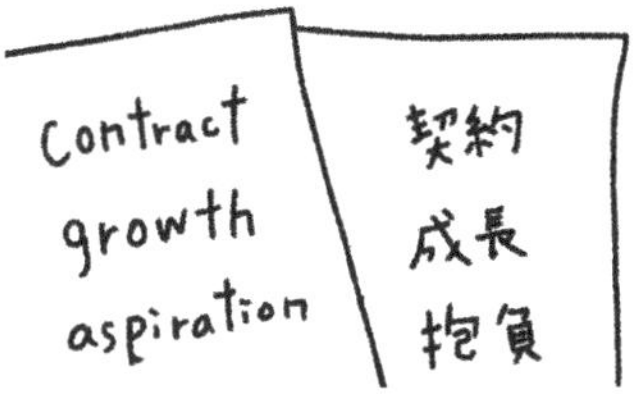
contract
growth
aspiration
契約
成長
抱負

スキルアップにも教養にもなる勉強は、
心に豊かさを与えてくれる栄養源です。
続けられる勉強法、効果のある勉強法を
習慣にしましょう。

01

20分単位で勉強する

忙しい社会人でも勉強を続けるコツがあります。それは「20分」を1つの単位と考えることです

「勉強したい」と考えている人は多くいますが、問題は時間です。日々、忙しく過ごしている人が「2時間勉強しなさい」と言われても、「無理だなあ」としか感じないでしょう。

しかし、**20分だけなら気楽にスタートすることができる**はずです。

そもそも、**人間の集中力はせいぜい15分**です。だらだら何時間も勉強するより、15分集中するほうが効率的と言えます。

最後の5分はインターバル（間隔、合間）の時間。**15分間で勉強したことを振り返ります。**

たとえばノートを閉じて思い出したり、チェック問題を解いてみたり。今勉強したば

「15分＋5分」を積み上げよう

かりのことが、意外とインプットできていないと気づくはずです。

「何だったっけ？」と思い出せないことがあれば、むしろラッキー。もう一度ノートやテキストを開いて確認すると、「あー、これこれ！」と目の中にある薄皮がはがれるような体験をします。

この瞬間、記憶が脳にしっかり定着して、忘れづらくなります。この5分の振り返りチェックには学んだ知識を定着させる効果がありますので、ぜひ取り入れてみてください。

20分だけなら、気楽に勉強を始められる

02

驚きの成果が出る「インターモジュール学習法」

建築でモジュールというユニットを組み合わせて大きな建物をつくるように、勉強もワン・モジュールの繰り返しが大切です

家やビルを建てる際は、「モジュール」と呼ばれるユニットを組み合わせて大きな建物にします。私はこれにインターバルを組み合わせて、**「15分学習＋5分振り返りチェック」を「インターモジュール学習法」**と呼んでいます。

学生なら、1科目をワン・モジュールに。調子がよければ別の科目や、別の学習項目をもうワン・モジュール続けます。

社会人なら、英会話ワン・モジュール、資格試験対策ワン・モジュールなどと学習計画を立てるとよいでしょう。意外と長い時間、学習できてビックリしますよ。

成果が上がる「インターモジュール学習法」

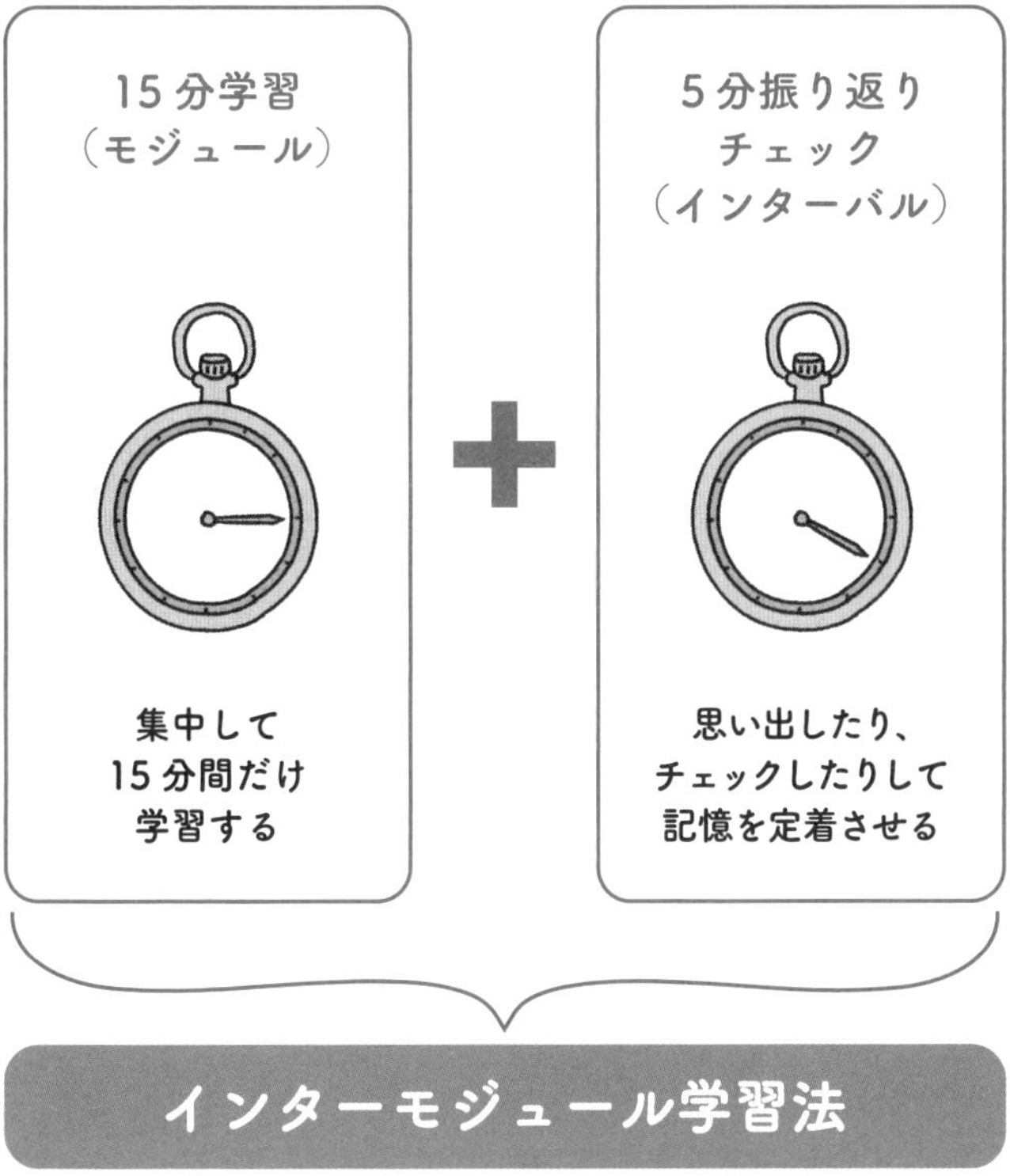
15分学習
（モジュール）
集中して
15分間だけ
学習する
5分振り返り
チェック
（インターバル）
思い出したり、
チェックしたりして
記憶を定着させる
インターモジュール学習法

ワン・モジュールの繰り返しで
長時間の学習が可能に

03

暗記は人間の身体のしくみを利用する

暗記が苦手なのは、身体のしくみをうまく使っていないからです。ちょっとしたテクニックで、ぐんぐんインプットの効率が上がります

暗記が苦手なのは、決して頭が悪いからではありません。

むしろ**脳に頼りきっていることが原因**と言えます。というのも、**暗記は適度に筋肉を使いながらしたほうが効果が高い**のです。単純に、ゴロンと寝っ転がるより、いすに座ったほうが背筋や腹筋を使うので効果が上がるのは想像がつくでしょう。

加えて、**立ったままブツブツ言いながら覚えるほうが、血流がアップして脳の働きが活発化するので、暗記しやすくなります。**部屋の中を行ったり来たり、軽いスクワット、ダンスのボックスステップなど、単純な動きをしながら暗記するとさらに効果があります。

効果が出る暗記テクニック

漢字は筆ペンで

ハライやトメがしっかり書けるので覚えやすい

1回1回、目をつむる

理解したら目をつむると記憶しやすい。目を開けたらもう一度見る

ツメをギューッと押す

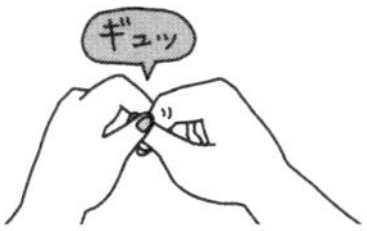

親指から人差し指、中指と順々に、少し痛いくらいに押して脳に刺激を与える

学習前の3分間で前屈とブリッジ

毛細血管の血流がよくなり、集中力が長く続く

利き手の反対の手を動かす

文字をなぞったり、机などを指でトントン軽く叩いたりして、右脳を刺激する

耳栓をしてささやく

自分の声と違うように聞こえるので集中力が上がる

復習はすぐ

セミナーや授業などは、休憩時間の3分で要点を思い出す

音読は6回

ゆっくり3回、早口で3回音読すると記憶が定着しやすい

筋肉、血流、五感を
最大限に活用する

04

勉強の前にストレッチをする

成績のよい子の共通点は、身体がやわらかいこと！
勉強前のストレッチが大切です

小学生から大学生までさまざまな指導に携わり、次の共通点に気づきました。

「成績のよい子は身体がやわらかい」
「成績のよくない子は身体がかたい」

そこで、身体がやわらかくなれば成績が上がると考え、教え子に勉強前には必ず前屈とブリッジをするように指導をしました。

その結果、集中力のなかった子どもが静かに勉強するようになり、学習効果も格段に上がったのです。前屈やブリッジで集中力が上がるのは、血流がよくなり大脳に血液が送り込まれるからです。

このように、**勉強の前もスポーツと同じようにストレッチをすることで、血流がよくなり学習効率が格段に上がります。前屈やブリッジのほかにも、首回しや肩回しもオススメ**です。

首回しは、首を左右にゆっくり3回ずつ回すことで脳への血流がよくなります。

肩回しは、肩甲骨を意識して肩を前と後ろへ3回ずつできるだけ大きく回すことで、背中のコリをとってくれます。

勉強前にストレッチで血流をよくすることで、学習効率が格段に上がる

05

利き手とは逆の手を積極的に動かす

人間の脳は右脳と左脳に分かれており、それぞれ身体の真逆の部分とリンクしていることをうまく活用しましょう

人間の脳は右脳と左脳に分かれています。
右脳を鍛えると、数学・理科などの理系科目や芸術科目が得意になります。
左脳を鍛えると、国語・社会などの文系科目が得意になります。
では、右脳と左脳はどのように鍛えればよいのでしょうか。
右脳と左脳はそれぞれ真逆の身体とリンクしています。
右脳であれば左半身、左脳であれば右半身とリンクしているということです。

つまり、**右手を使うと左脳が鍛えられ、左手を使うと右脳が鍛えられる**ことになります。

ただし、脳を鍛えるために無理に利き手を変える必要はありません。**利き手ではない手も積極的に動かすことが大事**なのです。

たとえば、右手で文字を書いている最中に左手を使っていない場合は、左手の指で問題文を追ってみたり、机をトントン叩いてみます。

こうして左手を使うことで右脳が刺激されるので、勉強が効率的になります。

英単語を覚えるときなどは、右手で綴《つづ》りを書いて、左手で本をなぞるなどして両方の脳を刺激すれば、記憶がバツグンに定着しやすくなるというわけです。

利き手とは逆の手を動かすことで、勉強の効率が上がる

06

成果を記録して、達成感を得る

勉強の成果を確認・管理する表をエクセルで作りましょう

勉強をするなら、**成果を管理・確認する表を作りましょう。**成果をビジュアルで確認できるため、学習意欲が継続できます。

逆に、できなかった項目もすぐわかるので、「週末にカバーしよう」などとバランスをとることができます。

もちろん、自信と充実感を持つにも効果的。自分がやることが明確になるので、「もっと勉強したほうがいいかも……」などと不安になることもありません。

管理・確認表を作るにはエクセルがおすすめです。

エクセルによる管理表の作り方

	英単語を3つ覚える	PC参考書1P読む	
2021年12月1日			
2021年12月2日			
2021年12月3日			
2021年12月4日			
2021年12月5日			
2021年12月6日			
2021年12月7日			
2021年12月8日			
2021			

エクセルで表を作成

学習項目……短時間でできるものにするのがポイント！

できた項目をこんなふうに塗りつぶしていきます

縦に日付、横に学習項目を書き入れて、その項目ができたらセルを色で塗りつぶします。

項目の内容は15分でできるものにするのがコツ。**インターモジュール学習法に合わせて、細分化したもの**にします。たとえば英語なら、「リスニング15分」「文法15分」「英作文15分」などとするわけです。

さらに、疲れている日にも行えるメニューとして、**3分程度でできる項目も入れておくといいでしょう。**

学習項目は小分けにして、15分以内で終わるものに

07

「チラッと見る」で、3分で45個の英単語を覚える

じっくり見るより、「チラッと見る」ほうが、実はスピーディーにインプットできます

3分で45個の英単語を覚えるためには、紙を6枚用意します。

1枚目には上から順に英単語を15個まで、2枚目には1枚目に書いた単語の日本語訳を同じ順番で書きます。書き終えたら、2枚を上下に重ねます（これを3セット作ります）。

次に、**1枚目の最初の英単語を発音した後（1秒）、1枚目をめくってチラッと日本語訳をのぞいてみましょう（1秒）。**

これを繰り返し、最後に英単語を確認します。覚えていない単語はまたチラッと見る。これだけで、自分でも驚くくらい短時間でインプットできます。

おすすめの英単語暗記法

1 2枚の紙に「英単語」と「日本語訳」とを書いて重ねます。

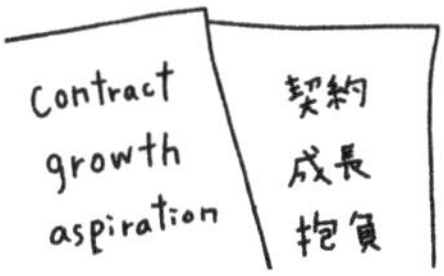

2 1枚目の紙をペラペラとめくりながら、上から順に追っていきます。

3 すると、意外に多くの英単語を覚えているのです！

あえてチラッと見ることで、印象に残りやすくなる

08

朝&タイマーで学習効率を上げる

私は15分＋5分で合計20分のインターモジュール学習法をすすめていますが、どうせ取り入れるなら朝です。**朝の学習は夜の6倍も効率がいい**とする説もあります。

さらに、**タイマーを使うと効果的**です。スタートとゴールをはっきり区切ると、「締め切り効果」で集中力が増して、メリハリがつくはずです。

ついついベッドやテレビに気持ちが向いてしまうなら、**思い切って外に出てカフェで勉強**してみましょう。適度な騒音（ホワイトノイズ）でかえって集中できます。

朝の時間は、夜の6倍効率がいい！
これをうまく活用しよう

09 厚いテキストは薄くする

資格試験など、テキストや参考書はたいてい分厚いもの。なかなか取りかかれなかったり、途中で挫折したりした経験もあるでしょう。

そこで、**分厚いテキストはバラバラにばらす**のがオススメです。どんなに分厚いテキストでも、1章分ならせいぜい数十ページ。章ごとにばらせば、薄いテキストになります。

章ごとにばらしたテキストは、大型ホチキスで留めて、その上から製本テープを貼りましょう。製本テープは文房具店などで安価で手に入ります。

手作りの愛着感も湧くので、モチベーションも上がりますよ。

テキストを小分けにすることで、途中で挫折するのを防ごう

PART

10

うまくいく人の「勉強」の習慣　まとめ

PART

11

うまくいく人の「メモ」の習慣

ふとした思いつきを熟成させ、
成功のヒントとなり、
人生の羅針盤にもなるのがメモの力です。
バラバラの情報を有機的につなぎ、
熟成させていきましょう。

01

バラバラのメモを有機的につなぐ

メモを上手にシステム化することで、メモ帳は夢を実現させるパワーを発揮します

夢をかなえたい人に絶対身につけてほしいのは、メモの習慣です。

レオナルド・ダ・ヴィンチはアイデア・メモを多く残していますし、エジソンもメモ魔だったことで知られています。

彼らは自分の考えをメモに書き留め、実現することで次々に夢をかなえてきたわけです。**メモには、夢に向かって一気にワープできるくらいのすごいパワーが秘められています。**

ほかにも、**メモの習慣には「自分が生きた記録になる」「自分の知の倉庫になる」**などのメリットがあります。

バラバラのメモを取捨選択する

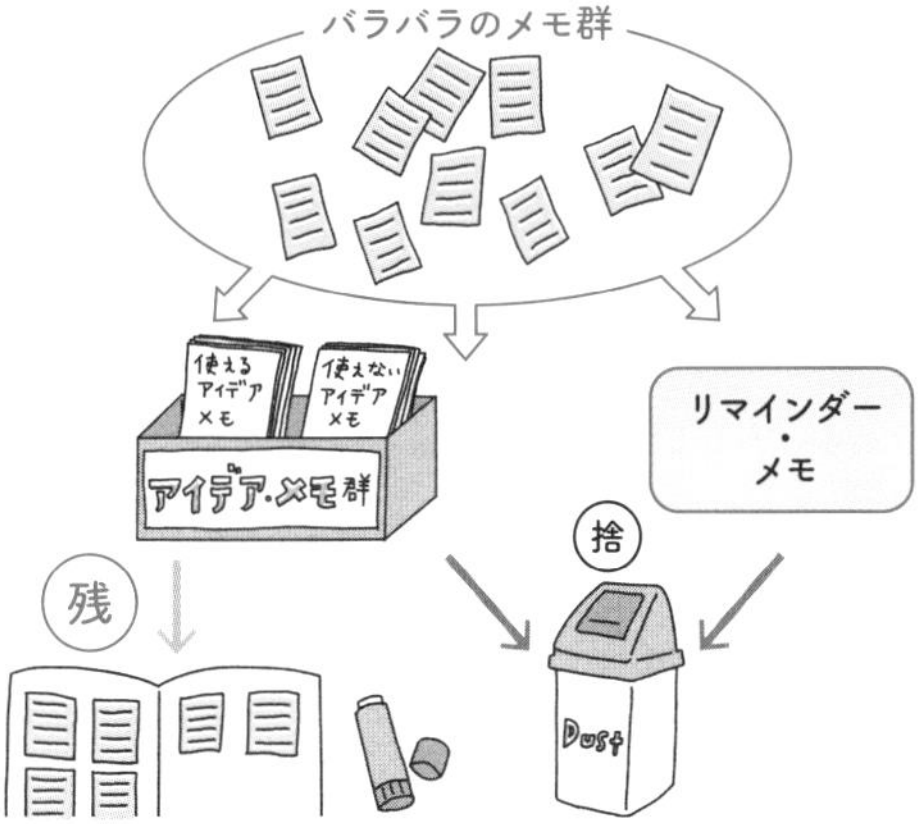

ただし、使い方が正しくないと効果はあまり発揮されません。私もメモを取り始めた若い頃はまったくシステム化できていなかったため、ただ書き散らかすだけでした。

メモはバラバラでもいいのですが、それらを**有機的につなげるシステムがないと、メモのパワーが発揮されない**ことを知らなかったのです。

というわけで、本章では、バラバラの情報を有機的につなぐメモの習慣をご紹介します。

今すぐメモ帳を用意して、メモ魔になろう

02

3つのメモを使い分ける

メモは、「リマインダー・メモ」「アイデア・メモ」「ビジョン・メモ」の3つに分けられます。まず、3つのメモの関係性を理解しましょう

メモには、次の3つがあります。

①**リマインダー・メモ**……忘れずにやっておくことや予定を書き込む。買い物メモなど
②**アイデア・メモ**……思いついたことを書き込む
③**ビジョン・メモ**……人生の夢を書き込む

多くの人は、リマインダー・メモを処理することに追われていますが、**もっとも大切なのはビジョン・メモ**です。次にアイデア・メモ、リマインダー・メモが続きます。

アイデア・メモは1ページに1つのテーマを書きます。字が汚くても、余白が多くても

3つのメモの関係

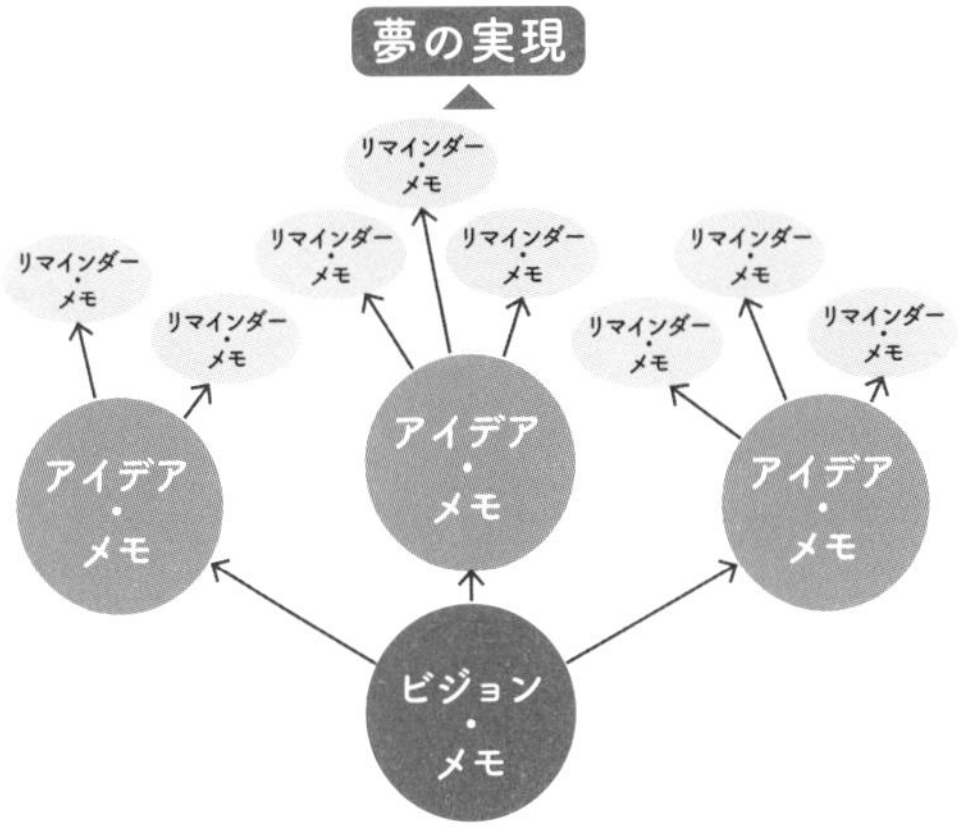

OK。関連する事柄やアイデアを修正・加筆することもできます。

アイデア・メモは、決めておいた仮置き場で保管し、一定期間が過ぎたら必要なメモを厳選してノートに貼りつけます。清書はしません。リマインダー・メモは用事がすんだらすぐゴミ箱へ。

よりすぐりのメモは1か所に集めておくことで、メモどうしが化学反応を起こします。醸成され、企画に生まれ変わるのです。

リマインダー・メモの処理に追われがちだが、最も大切なのはビジョン・メモ

03

リマインダー・メモとアイデア・メモの書き方

メモを取る際は、日時と場所も書き加えるのがコツです

メモを書く際には「いま自分が書いているのはどのメモなのか」を意識する必要があります。**リマインダー・メモは断定形（終わりが句点の「。」）、アイデア・メモは疑問形（終わりがクエスチョンマークの「?」）**という違いがあるからです。内容を処理し終えたらすぐに処分していいのか、残しておくのかが区別できるメリットもあります。

逆に、共通して書き込んでほしいのは**「日付」**です。アイデア・メモには、日付に加えて「時刻」と「場所」も書きます。こうしておくとパラパラと見返したとき、自分にアイデアがふってくるゴールデンタイムと、ラッキープレイスが明らかになってきます。

アイデア・メモとリマインダー・メモ

▶アイデア・メモ

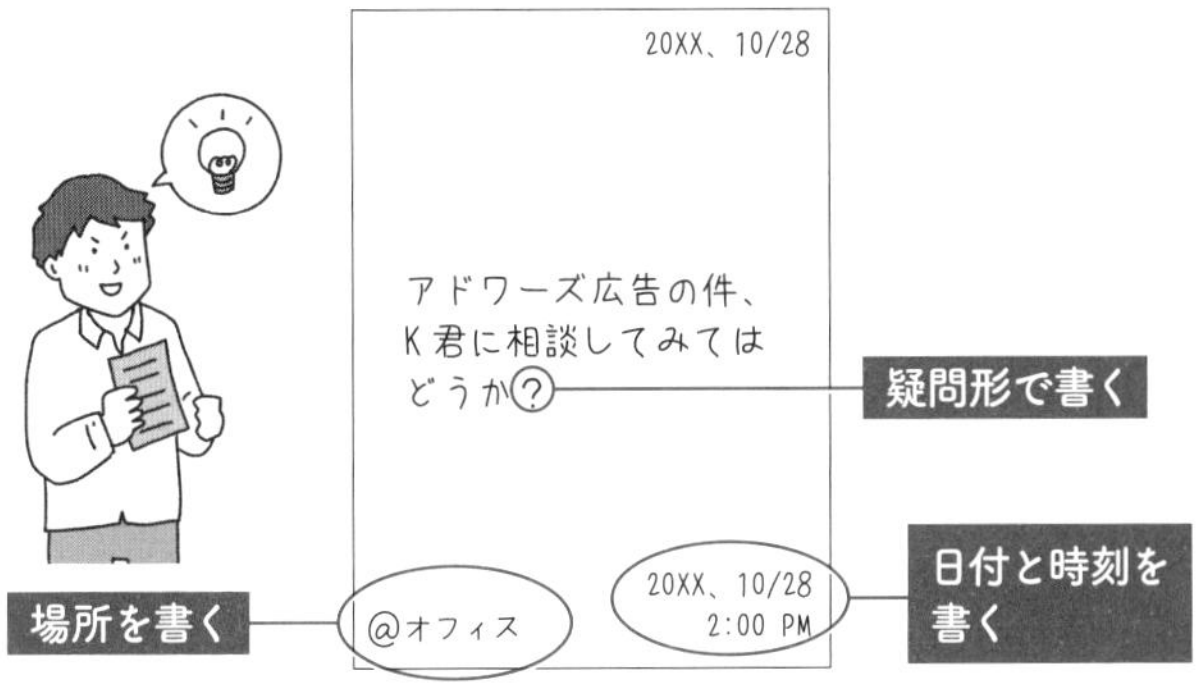

▶リマインダー・メモ

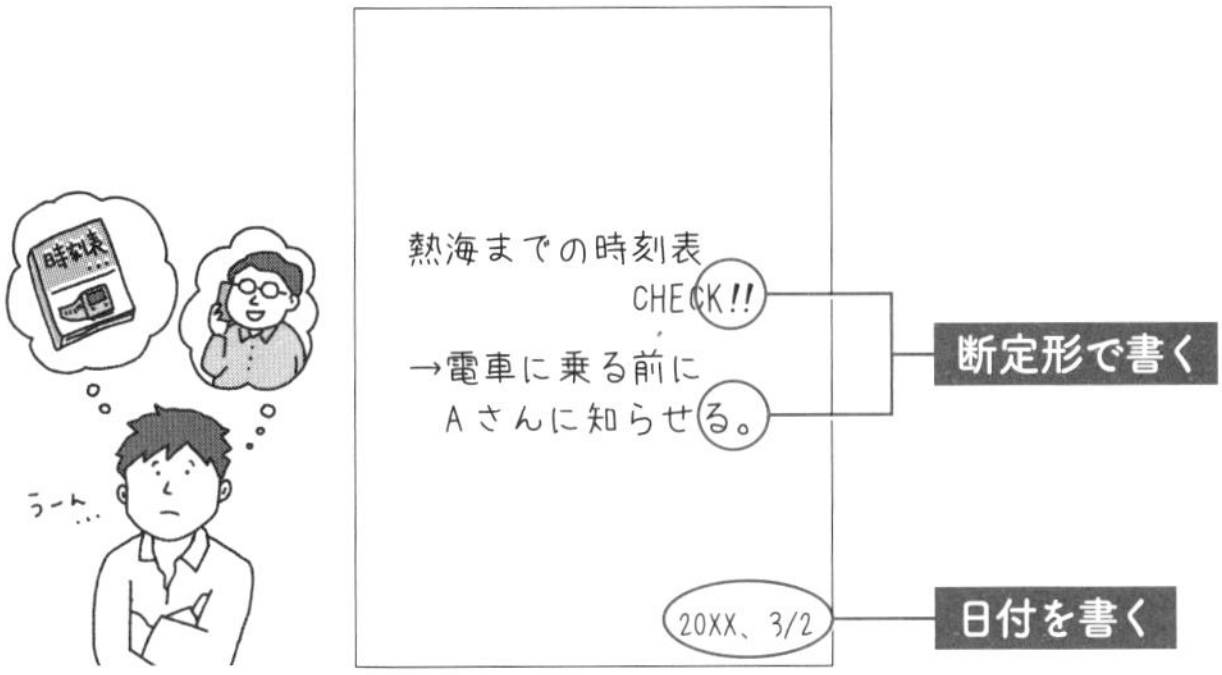

自分のゴールデンタイムと
ラッキープレイスを知ろう

04

アイデア・メモは定期的に見直す

メモを見直す時間と場所を決めましょう

アイデア・メモを上手に活用する第一歩は、見直しの習慣を持つことです。

一見バラバラに思えるメモの断片でも、関連するものを集めて結びつけてみたら、すごく立派な企画になったりします。メモの断片は、優れた作品、いい仕事の「素材」であり、「構成要素」だからです。

見直しの習慣を持つためには、まず**見直しをする「時間」と「場所」を決めておく**こと。

「そのうちに」と思っていると、なかなか実行できません。

オススメは週に1回。 3か月以上空いてしまうと、メモが行方不明になったり、存在自体を忘れてしまいます。

メモを仮置き場から出して、保存するものをノートに貼りつけるタイミングで行う方法でもよいでしょう。

私の場合は、土曜日の午前中、書斎の掃除をした後に書類整理専用のサブデスクの上でメモをチェックしています。

ティーブレイクの時間をチェックの時間にあてたり、お気に入りのカフェで行うのもオススメです。

定期的な見直しで、メモとメモを有機的につなごう

05

クラウド上で一元管理する

デジタルとアナログ両方の長所と短所を活用するのが正しいメモ術。たとえば、ボイスレコーダーに録音しながら、手書きのメモを同時にとるなど、使い分けることが大切です。そのためには、**自分専用のノートパソコン、またはタブレットを持つ**こと。**ノートに保存したメモは、最終的にクラウド上で一元管理します。**ノートも複数冊になると一元管理しづらくなりますし、クラウドに保存しておけば外出先からも見られるからです。その際は、ざっくりと大きなテーマ別に、わかりやすくメモの仕分けをしておきましょう。

メモはテーマ別に分けて管理するのがコツ

06

デジタル・メモを活用する

最近は、アイデアが浮かんだときにスマホのメモ帳などに書き込んでいる人も増えているようです。メモ帳などのテキストだけではなく、音声、画像、動画も使いこなせるようになるととても便利です。

・**音声**……自分の声でアイデアを吹き込んだり、講演・セミナーなどを録音したりもできます。音声認識アプリがあれば、音声をそのままテキスト化することも可能です。
・**画像**……写真にとって、すぐにメールなどで送ることができます。
・**動画**……ほんの数十秒程度でも、臨場感を生々しく伝えることができます。

音声、画像、動画も使いこなしてメモどうしの化学反応を起こそう

07

ビジョン・メモの書き方

ビジョン・メモは、苦境を乗り越える命綱。
1年の区切りの時期には書き換えましょう

昔の船乗りたちが真っ暗な海を航海する際、頼りにしたのは天空に輝く北極星（ポラリス）でした。ビジョン・メモは、言ってみればこのポラリスのようなもの。**自分の人生の最終目的地を書いたもの**です。

人生という波を乗りこなすには、頼りになるポラリスが必要。こっちにフラフラ、あっちにフラフラしていたら、いつまでたっても目的地に到達することはできません。

苦境を乗り越えるためにも、ビジョン・メモは不可欠です。

困難な状況や高い壁にぶつかったときでも、**ビジョン・メモが苦境を乗り越える命綱となります。**リマインダー・メモやアイデア・メモを支える根っこは、このビジョン・メモなのです。

ビジョン・メモは、**手帳の1ページ目に書きましょう。**イメージする写真があれば一緒に貼っておきます。

誕生日や大晦日など、1年の区切りとなる日には見直し、書き換えます。手書きで見直すことで、より強固なビジョンへと成長します。

ビジョン・メモは、一度作ったら終わりではなく、あなたとともに変化し成長していく人生のマイルストーンなのです。

ビジョン・メモは手帳の1ページ目に書いて、定期的に見直そう

PART
11
うまくいく人の「メモ」の習慣　まとめ

- [ ] 今すぐメモ帳を用意する 176ページ
- [ ] ３つのメモの違いを知る 178ページ
- [ ] メモには必ず日付を書き込む 180ページ
- [ ] メモを見直す時間と場所を決める 182ページ
- [ ] メモをクラウド上で一元管理する 184ページ
- [ ] 音声、画像、動画を使いこなす 185ページ
- [ ] 手帳の１ページ目にビジョン・メモを書く 186ページ

購入者限定特典

「習慣化のためのＳＣＳ（スーパーチェックシート）」（エクセル）＆著者本人による使い方ガイド（音声）

本書ではたくさんの「マイクロ習慣」をご紹介してきました。

すぐにでも取り入れてみたい習慣はありましたか？

「マイクロ習慣」は読んで終わりにするのではなく、
実際の行動に落とし込むことが非常に大事です。

というわけで、本書をお読みくださった方限定で、

「習慣化のためのＳＣＳ（スーパーチェックシート）」をご用意しましたので、ぜひ使ってみてください。

そうすれば、あなたの人生は驚くほど大きく変わることでしょう。

**特典はこちらから
ダウンロードできます！**

https://d21.co.jp/special/secrethabit/

ログインID：
discover2790
ログインパスワード：
secrethabit

著者から読者の方へ

さらに今だけの豪華３大プレゼント

- **音声**：秘蔵音声「こころの習慣の秘密」
- **動画**：不安マインドからの脱出方法
- **PDF**：心の９層構造を図解

今だけのLINE３大特典はコチラから
▼（無料です）
https://line.me/R/ti/p/%409

PCの方は @9masu で検索

おわりに

人生は習慣でできている——「秘密の習慣」の正体とは

料理の達人の方たちにインタビューをしたことがあります。その結果、みなさん共通して**「使った道具を、すぐに片づける」**習慣を持っていることがわかりました。

一見、当たり前のことだと思うかもしれません。しかし、「一般の方は、これをなかなか実践できないんですよ」とみなさん口を揃えておっしゃっていました。

脳外科医で医学博士だった父も、いいオペをするためには、「オペ室の環境を整えて、オペの道具類を見事なまでに準備することだ！」と、生前に言っていました。

私たちの人生は、習慣でできています。毎日のマイクロ習慣（小さな習慣）の集合体、それこそが人生なのです。

どんなにデジタル化が進もうとも、どんなに社会情勢が変化しようとも、私たちの人生は日々の小さな習慣の積み重ねによって構築されていきます。

だからこそ、あなたがこれまでに作ってきた習慣について、過大評価せず、過小評価もせず、ニュートラルにチェックしてみることがとても大切です。

なぜなら、その習慣こそが、あなた自身なのですから。


本書のタイトルである**「秘密の習慣」とは、とどのつまりは、「マイクロ習慣」**です。

マイクロ習慣とは、あなたが想像しているよりも、さらにはるかに小さな習慣のこと。

たとえば、「毎日、1時間散歩をする」という習慣ではなくて、「散歩用のシューズに触れるだけ」という習慣。このように笑ってしまうくらい小さな習慣のことです。

拙著のとのご縁・出会いをキッカケにして、朝に目覚めてから、夜に床につくまでの小さな習慣群たちをぜひ一度、洗いざらい表に書きだしてみてください。

そして、それらをさらに小さく分解してマイクロ習慣にまで落とし込み、「ここを、こんなふうに改善したら、なんだかワクワクするぞ」と、日々の習慣をブラッシュアップしていってください。

マイクロ習慣の成功の秘訣は、「正しさ」よりも「楽しさ」で判定することなんです。

「命が輝く習慣」、それこそが「秘密の習慣」の正体なのですから。

【習慣の専門家】佐藤伝

なぜかうまくいく人の「秘密の習慣」(ハンディ版)

発行日　2021年11月20日　第1刷
　　　　2022年 1 月10日　第2刷

Author　佐藤　伝

Illustrator　吉村堂(アスラン編集スタジオ)
Book Designer　【カバー】小口翔平＋奈良岡菜摘(tobufune)
【本文・DTP】伊延あづさ　佐藤純(アスラン編集スタジオ)

Publication　株式会社ディスカヴァー・トゥエンティワン
〒102-0093　東京都千代田区平河町2-16-1 平河町森タワー11F
TEL　03-3237-8321(代表) 03-3237-8345(営業)
FAX　03-3237-8323
https://d21.co.jp/

Publisher　谷口奈緒美
Editor　原典宏　三谷祐一
編集協力:野村佳代　青木啓輔(アスラン編集スタジオ)

Store Sales Company　安永智洋　伊東佑真　榊原僚　佐藤昌幸　古矢薫　青木翔平　青木涼馬　井筒浩　小田木もも　越智佳南子　小山怜那　川本寛子　佐竹祐哉　佐藤淳基　佐々木玲奈　副島杏南　高橋雛乃　滝口景太郎　竹内大貴　辰巳佳衣　津野主揮　野村美空　羽地夕夏　廣内悠理　松ノ下直輝　宮田有利子　山中麻吏　井澤徳子　石橋佐知子　伊藤香　伊藤由美　葛目美枝子　鈴木洋子　畑野衣見　藤井かおり　藤井多穂子　町田加奈子

EPublishing Company　三輪真也　小田孝文　飯田智樹　川島理　中島俊平　松原史与志　磯部隆　大崎双葉　岡本雄太郎　越野志絵良　斎藤悠人　庄司知世　中西花　西川なつか　野﨑竜海　野中保奈美　三角真穂　八木眸　高原未来子　中澤泰宏　俵敬子

Product Company　大山聡子　大竹朝子　小関勝則　千葉正幸　原典宏　藤田浩芳　榎本明日香　倉田華　志摩麻衣　橋本莉奈　牧野類　三谷祐一　元木優子　安永姫菜　渡辺基志　小石亜季

Business Solution Company　蛯原昇　早水真吾　志摩晃司　野村美紀　林秀樹　南健一　村尾純司

Corporate Design Group　森谷真一　大星多聞　堀部直人　井上竜之介　王廰　奥田千晶　佐藤サラ圭　杉田彰子　田中亜紀　福永友紀　山田諭志　池田望　石光まゆ子　齋藤朋子　竹村あゆみ　福田章平　丸山香織　宮崎陽子　阿知波淳平　伊藤花笑　岩城萌花　岩淵瞭　内堀瑞穂　遠藤文香　王玮祎　大野真里菜　大場美範　小田日和　金子瑞実　河北美汐　吉川由莉　菊地美恵　工藤奈津子　黒野有花　小林雅治　坂上めぐみ　佐瀬遥香　鈴木あさひ　関紗也乃　高田彩菜　瀧山響子　田澤愛実　田中真悠　田山礼真　玉井里奈　鶴岡蒼也　道玄萌　富永啓　中島魁星　永田健太　夏山千穂　平池輝　日吉理咲　星明里　峯岸美有　森脇隆登

Proofreader　文字工房燦光
Printing　大日本印刷株式会社

ISBN 978-4-7993-2790-6